交通基础设施建设
对中国农业生产的影响研究

秦志龙 / 著

西南财经大学出版社

中国·成都

图书在版编目(CIP)数据

交通基础设施建设对中国农业生产的影响研究/秦志龙著.—成都:西南财经大学出版社,2024.6

ISBN 978-7-5504-6198-7

Ⅰ.①交… Ⅱ.①秦… Ⅲ.①交通运输建设—基础设施建设—影响—农业生产—研究—中国 Ⅳ.①F325②F512.3

中国国家版本馆 CIP 数据核字(2024)第 102197 号

交通基础设施建设对中国农业生产的影响研究
JIAOTONG JICHU SHESHI JIANSHE DUI ZHONGGUO NONGYE SHENGCHAN DE YINGXIANG YANJIU

秦志龙 著

责任编辑:李特军
责任校对:冯 雪
封面设计:墨创文化
责任印制:朱曼丽

出版发行	西南财经大学出版社(四川省成都市光华村街55号)
网 址	http://cbs.swufe.edu.cn
电子邮件	bookcj@swufe.edu.cn
邮政编码	610074
电 话	028-87353785
照 排	四川胜翔数码印务设计有限公司
印 刷	郫县犀浦印刷厂
成品尺寸	170 mm×240 mm
印 张	13
字 数	220 千字
版 次	2024 年 6 月第 1 版
印 次	2024 年 6 月第 1 次印刷
书 号	ISBN 978-7-5504-6198-7
定 价	78.00 元

前　言

改革开放以来，我国政府启动的大规模交通基础设施投资是中国经济增长奇迹的重要引擎之一。自第一条高速铁路（高铁）诞生以来，高铁网络不断扩延，截至2020年年底，我国《中长期铁路网规划》提出的"四纵四横"高铁网络已基本形成，2021年高铁线路总里程突破4万公里，占世界高速铁路总里程的2/3以上，位居世界第一。高铁网络不仅覆盖了我国95%以上的百万人口城市，还延伸至许多3万人口左右的小县城，高铁对居民日常生活和经济高质量增长的影响日益深刻。以干线为骨架的交通网络建设，不仅全面改变了我国宏观层面交通基建的丰度和密度，还深刻影响着中观层面区域间的经济结构和布局，同时也决定着微观层面劳动力就业及农户生产行为。为深入推进粮食安全和乡村振兴战略，我们的首要任务就是要发挥高速公路和高速铁路等现代化交通基础设施对农业生产与发展的带动作用。

高铁不仅能够促进技术创新、知识传播和经济发展，同时也能对农业生产产生重要影响。一方面，高铁释放了农业生产的劳动力，极大地增加了农村地区的人均农业生产资料存量，为农业机械化和规模化发展创造了有利条件；另一方面，高铁能促进农业技术流动与农业知识传播，为提高农业生产率、实现农业现代化开辟道路。但不可忽视的是，高铁的开通也带来一些负面影响。比如，在高铁的作用下，城际交通成本大幅降低，大规模农村劳动力进行非农转移。此外，高铁的修建以及后期开发减少了耕地数量，农业用地被部分挤占。从农业生产的理论视角而言，高铁开通有利于农业生产效率的提高，但减少了农业生产的投入，尤其是劳动力和土地的投入。那么，高铁建设是否会影响到农业产出以及威胁到粮食安全呢？厘清高铁对农业生产的系统性影响能够为确保粮食安全及推进乡村振兴提供一定的科学依据，然而目前却鲜有研究系统地考察高铁与农业生产间的关系。

基于上述研究背景，本书聚焦于高铁这一现代化交通基础设施建设如何影响乡村振兴和国家粮食安全。具体地，本书匹配了县级层面的农业生产数据、高铁线路数据、气象数据、社会经济数据及地理特征数据等，构建了我国2002—2015年的县级面板数据，并基于理论分析和实证检验的方法，从农业投入产出生产函数的角度系统且全面地讨论以高铁为代表的交通基础设施建设对我国农业生产的影响。本书正文部分共包括七个章节，按照典型事实→文献梳理→发展现状→数据处理→提出问题→解决问题→总结讨论的逻辑依次展开。

本书的边际贡献主要体现在研究视角创新、研究数据创新和研究方法创新三个方面。

首先，研究视角创新。本书从农业投入产出生产函数的角度来讨论以高铁为代表的交通基础设施对我国农业生产的影响，并进行了系统且全面的研究，而鲜有文献对此话题进行研究。首先，本书基于农业投入产出生产函数的投入视角，发现高铁开通显著减少了农业劳动力和耕地存量，但机械和化肥投入并未因此改变；其次，基于农业投入产出生产函数的生产率视角，发现高铁开通促使农业生产效率得以提升；最后，基于农业投入产出生产函数的产出视角，发现高铁对整个农业生产链条呈现出正负两方面影响，但两方面影响相互对冲，从而使得农业产出及粮食安全并未受到实质性威胁。

其次，研究数据创新。与高铁和农业相关的研究大多采用城市层面数据，甚至省级层面数据，基于县级层面数据的实证研究却屈指可数。一方面，作者做了大量基础性的县级数据搜集、整理和匹配工作，其中包括县级层面农业数据、高铁数据、气象数据、社会经济数据及地理特征数据等，基于县级数据的研究能在一定程度上缓解宏观数据带来的"加总谬误"问题。另一方面，县级政府在高铁修建过程中直接参与站点选址、线路决策和财政支持等事务的可能性较低，因此利用县级数据开展高铁的相关研究具有更强的外生性。

最后，研究方法创新。第一，全书统一采用双重差分（DID）模型设定，能够精确地识别高铁开通对农业生产的影响，也能够保证各部分实证结果间的连贯性和可比性。第二，为保障识别策略的有效性和合理性，本书进行了下述扩展分析：①相比地级市及以上行政单位数据，本书采用县级层面数据来研究本课题，这有助于减轻内生性问题带来的困扰。②本书在实证分析中还控制了省份与年份交互固定效应,这有助于进一步克服因遗漏一些无法观测的省份层面时变因素而产生的估计偏误问题。③高铁的规划与修建通常会优先考虑直辖市、省会城市等重要节点地区的布局和发展,而连接这些重要节点地区的高铁经过的县级行政单位普遍被认为是随机的、偶然的,本书采用剔除铁路规划中关键城市或行政级别为"区"的样本的方式来提高估计准确性。④本书进行了丰富的稳健性检验,基准结果是否稳健关系到机制检验、异质性分析和拓展分析结果的可靠性,因此本书采用多种稳健性检验方法保证了基准结果的可信度。第三,本书基于随机前沿分析(SFA)方法测算了多种不同设定条件下的农业全要素生产率,是对现有农业生产效率方面实证研究的有益补充。一方面,已有研究大多数采用人均或地均产出来衡量农业生产效率,对农业生产效率的测算相对粗糙;另一方面,部分文献使用数据包络分析(DEA)方法测算农业全要素生产率,但由于农业数据不确定性因素与测量误差的存在,SFA 方法计算得到的农业全要素生产率不仅从理论上优于 DEA 方法,而且在实际经验中也比 DEA 方法所得结果更为准确和稳健。

秦志龙

2023 年 10 月

目　录

1 导 论

1.1 研究问题与意义

1.1.1 研究背景

交通基础设施建设对于促进发展中国家的经济发展有着非常重要的作用。早在 2007 年，世界银行将近 20% 的贷款分配给了交通基础设施项目，比教育、卫生和社会服务项目的总和还要多，这些工程旨在降低流通成本、促进区域经济一体化（Donaldson，2018）。1978 年以来我国的道路交通发展迅速，到 2020 年我国公路里程数为 519.81 万公里，约是改革开放初期公路里程数的 6 倍。此外，到 2020 年，我国高速公路全长约 16.10 万公里，覆盖了全国大多数地区。同时，铁路营业总里程在 40 余年的时间里从 5.17 万公里增加至 14.63 万公里，总里程数位居世界第二；自 2008 年第一条高铁①开通以来至 2020 年，我国高铁营业总里程已达 3.8 万公里，占世界高铁总里程的 2/3 以上，位居世界第一。我国民航的发展速度同样迅速，40 余年间民航航线里程增长超过了 40 倍。投资拉动经济增长是我国过去一段时间的主要经济增长方式，其中交通基础设施的大规模投资在我国经济发展过程中扮演重要的角色。

与此同时，我国经济发展自改革开放以来取得了举世瞩目的成就，呈现出良好的增长态势，创造了世界经济发展史上的奇迹，为诸多发展中国家的经济发展提供了宝贵的经验。此外，与中国经济增长奇迹密切相关的

---

① 2003 年秦沈客运专线由于运营速度的限制，大多数文献认为 2008 年开通的京津城际铁路为国内的第一条高铁。

一个客观事实是，中国政府同期施行了以交通基础设施投资为主的大规模基础设施建设，伴随着中国经济的增长，交通基础设施的建设也取得了突飞猛进的发展。早在 20 世纪 80 年代，我国政府就提出了建设以高速公路为主的"五纵七横"国道主干线，全长 3.5 万公里，全线于 2007 年贯通运营。此后，我国政府为了应对 2008 年世界金融危机带来的影响，又推出了"四万亿计划"来刺激经济增长，其中约 1.5 万亿投向铁路、公路、民航等交通基础设施建设。从一定程度上讲，在我国投资驱动型的经济增长模式中，交通基础设施建设做出了突出的贡献。

我国高铁的发展始于 2004 年，经国务院批准在《中长期铁路网规划》中提出了"四纵四横"高铁网络①。此后，随着 2008 年高铁建设被列入政府大规模经济刺激计划，原《中长期铁路网规划》中提出的 2020 年拟建高铁里程由 1.2 万公里调整到 1.6 万公里，高铁项目得到了快速发展。2015 年，我国在"十三五"规划中又将 2020 年高铁的运营里程延长到了 3 万公里，预计将覆盖我国 80% 以上的城市。2016 年 7 月，国家发展改革委、交通部和中国铁路总公司再次联合发布了《中长期铁路网规划》（2016—2030 年），提出了建设"八纵八横"高铁网的宏大蓝图②，同时指出我国铁路网预期规模将在 2025 年达到 17.5 万公里，其中高铁要达到 3.8 万公里，比 2015 年翻一番。

自第一条高铁诞生以来，高铁网络不断扩延，截至 2020 年年底，我国高铁线路里程即将突破 4 万公里。图 1.1 展示了 2008—2020 年期间我国高铁的发展概况，我国高铁的营业里程由 2008 年的 672 公里提高至 2020 年的 37 929 公里，增长 50 倍以上，同时"四纵四横"高铁网络已基本形成。此外，随着高铁网络的日渐密集，高铁的营业里程占比也在逐年增加，同时高铁客运量与旅客周转量占比的增速明显快于营业里程占比的增速。国家大力发展高铁的态势已逐步显现，高铁已经逐渐成为我国运力不可或缺的重要部分。而且，高铁的大规模发展不仅改变了我国的交通格局，也改

---

① "四纵"指的是京沪客运专线、京深客运专线、京哈客运专线和沪深客运专线，"四横"是指徐兰客运专线、杭昆客运专线、青太客运专线和宁蓉客运专线。

② "八纵"是指沿海通道、京沪通道、京港（台）通道、京哈·京港澳通道、呼南通道、京昆通道、包海通道和兰广通道，"八横"是指绥满通道、京兰通道、青银通道、陆桥通道、沿江通道、沪昆通道、夏渝通道和广昆通道。

变了我国的区域经济格局，对我国不同地区的劳动力就业及农业①生产也将产生深远影响。

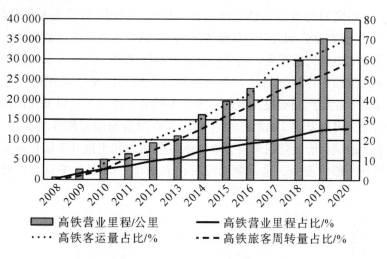

图 1.1　中国高铁的发展情况

数据来源：国家统计局。

　　我国农业发展在过去数十年的时间里取得了突出的成就，粮食总产量呈现出持续上升的趋势，2004—2020年，我国粮食生产实现了历史上罕见的"十七连丰"。随着工业化、城镇化的发展，我国逐渐出现农村劳动力非农转移明显、大量耕地被占用或弃用、农业生产资料成本上升、生态环境恶化等一系列问题，严重影响我国高度依赖投入要素的农业生产方式。众所周知，农业产出的增长，一方面依赖于农业生产投入要素的增加，另一方面来自于农业生产效率的提高。然而农业生产投入要素容易受到制约，因此提高农业生产效率成了保证农业产出持续增长的唯一可行渠道。同时，农业生产效率的提高能够为农业可持续发展提供了新动力，一是克服了生产要素投入的限制，二是促进了农业高质量发展。接下来，本书将依据历史统计数据来探究农业生产投入产出各要素的时间趋势。

　　首先，研究表明，自1978年以来我国主要农业生产投入资料的存量均有所下降，在一定程度上影响了农业的产出，同时可能会威胁到粮食安全。如图1.2所示，改革开放以来，我国第二、三产业的就业人数均有所

————————

　　①　如未具体说明，本书中农业泛指第一产业，包括种植业、林业、畜牧业、渔业，简称农林牧渔业。

上升，分别增加了 11.4% 和 35.5%，而第一产业的就业人数则减少了 46.9%，我国农业劳动力呈现出逐渐流失并向第二、三产业转移的趋势。同时，本研究对比开通高铁的区县在 2000 年（中国当时还未开通高铁）和 2015 年的农业劳动力空间分布情况①，发现开通高铁的区县整体上呈现出农业劳动力流失的现象，从空间分布的情况来看，农业劳动力流失主要发生在我国的中、西部地区。众所周知，土地不仅是人类赖以生存的根本，还是农业生产关键投入要素。图 1.3 展示了改革开放以来我国的耕地面积情况，可以发现 20 世纪 90 年代以来我国耕地面积陆续减少②。从劳动力和土地层面历史情况来看，单纯依靠劳动力和土地并不能保证农业的持续增长与粮食安全，也从侧面反映出农业生产效率对于农业发展的重要性。

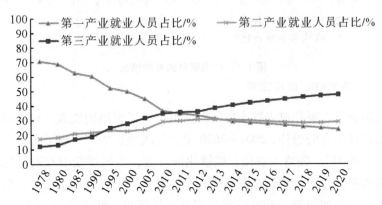

图 1.2　1978—2020 年各产业就业人员占比情况
数据来源：国家统计局。

---

①　比较 2000 年和 2015 年的区县农业劳动力均不存在缺失的样本。
②　由于数据只公布到 2018 年，故仅展示 1978—2018 年的耕地情况。

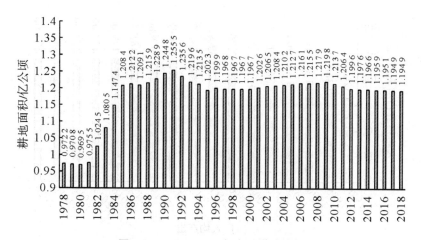

图 1.3　1978—2018 年中国耕地情况

数据来源：世界银行。

其次，本书利用单位产出来衡量农业的生产效率，从历史数据来看，我国的农业生产效率自改革开放以来呈现出不断提升的趋势。图 1.4 展示了改革开放以来我国的人均和地均产出情况。从图 1.4 我们可以发现，我国人均产出呈现缓慢上升的趋势，而地均产出则增长更快，其可能的原因是总人口在持续增长，而耕地面积并未增长。生产要素投入的增加和农业生产率的提高主要解释了过去很长一段时间农业产出的增长，但其依赖的农业生产要素投入的粗放型增长模式在理论上并不能得以持续，而农业生产效率则具有巨大的增长潜力。同时，从历史数据来看，正是农业生产效率的提高，在一定程度上缓解了农业投入要素减少对农业产出及粮食安全的威胁。因此，在对整个农业生产及粮食安全问题进行分析时，我们不能单一讨论农业投入要素的情况，还应该关注农业生产效率的变化，从整个农业投入产出的视角来研究农业生产的问题。

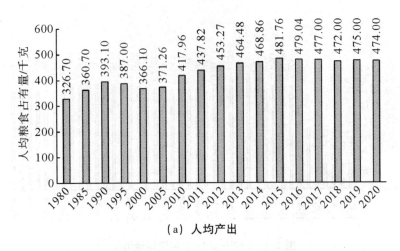

（a）人均产出

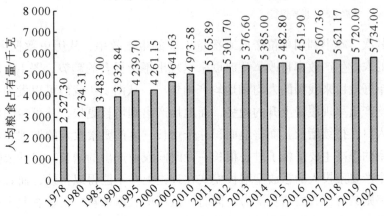

（b）地均产出

图 1.4 改革开放以来农业生产效率的情况

数据来源：Wind 数据库。

最后，粮食安全不仅关系到人民群众的口粮问题，同时还对社会稳定、经济发展和国家安全起决定性作用。自改革开放以来，我国粮食总产量呈现出持续增长的趋势。21 世纪以来，指导农业工作的中央一号文件已经颁布了 20 余次。农业的生产及发展是人类生活的基础，也是保障粮食安全的前提，同时还关系到我国乡村振兴战略目标的实现。农业领域的技术革新在过去数十年影响着全世界的农业产量，但发展中国家的农业生产实际上严重落后于发达国家。虽然我国农业发展在过去几十年的时间里取得了突出的成就，呈现出持续增长的趋势；但值得关注的是，自 2010 年以后粮食总产量的增长趋势减缓，甚至出现了粮食产量下降的现象（如图1.5所示）。中国粮食生产发展面临重大机遇与挑战，确保粮食安全成为我国的头等大事。

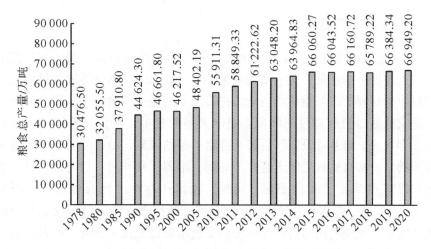

图1.5 1978—2020年我国部分年份的粮食总产量

数据来源：Wind数据库。

高铁不仅能够促进技术创新、知识传播和经济发展，同时也对农业生产发挥着重要作用。一方面，高铁释放了农业生产的劳动力，极大地提升了农村地区的人均农业生产资料存量，为农业机械化和规模化发展创造了有利条件。另一方面，高铁修建能促进农业技术流动与农业知识传播，为提高农业生产率、实现农业现代化开辟道路。但不可忽视的是，高铁的开通也带来一些负面影响。比如在高铁的作用下，城际交通成本大幅降低，大规模农村劳动力进行非农转移。此外，高铁的修建以及后期开发减少了耕地数量，农业用地被部分挤占。从农业生产的理论视角而言，高铁开通有利于农业生产效率的提高，但减少了农业生产的投入，尤其是劳动力和土地的投入。高铁建设是否会影响到农业产出以及威胁到粮食安全呢？高铁建设对农业的投入要素和生产效率具体的影响有多大呢？本书将围绕这一系列话题展开。

党的十九大报告提出要"实施乡村振兴战略"和"坚持农业农村高质量发展"。本节的研究成果可提供一定参考。一方面，本书发现我国高铁如火如荼地建设过程中，城镇化进程的加快使得大量农业劳动力非农就业及耕地流失，但与此同时农业产出等粮食安全问题并没有受到威胁，以上发现为国家制定的"实施乡村振兴战略"计划提供了理论参考；另一方面，本书发现高铁开通促进了农业生产效率的进步，为我国推行"农业农村高质量发展"提供了技术参考。

1.1.2 研究意义

《关于全面推进乡村振兴加快农业农村现代化的意见》《关于加快推进乡村人才振兴的意见》等一系列政策的出台，为国家继续推进乡村振兴战略提供了重要的政策指导。但是，在实现乡村振兴的过程中，第一个短板就是交通基础设施建设的障碍。我国大多数地区，特别是偏远的农村地区，存在着交通基础设施落后甚至道路不通的现象。由于交通基础设施不够完善，许多自然村之间道路并不通畅，阻碍了村与村、村与镇、村与县等各级行政单元之间的交流。同时，我国还存在"出县像远征，跨省（市）不联通"等现象，原因在于部分偏远地区省（市）际的交通基础设施不完善，高速公路与高铁等高级别交通基础设施几乎没有，严重影响了部分相对落后地区的发展（唐任伍和温馨，2021）。因此，我国乡村振兴的前提是提供便利的交通基础设施保障。大力发展交通基础设施不仅能推动我国城镇化的进程，还能为我国乡村振兴战略实施提供路网支撑。

世界银行的研究报告指出，全世界由于道路设施的缺乏，农作物在从农户流通到消费者的过程中损耗了15%，而如果有较好的交通基础设施，化肥成本会降低14%[①]。对于中国乃至更多的发展中国家而言，依赖交通基础设施建设来改善农业生产的需求迫在眉睫。为了缓解落后的交通道路网络对农业生产及粮食安全的制约，各国投入了大量的资金用于改善落后的道路交通，中国也不例外。在过去的二十年时间里，中国政府启动了大规模的基础设施投资，基础设施投资项目在促进生产要素跨区域流动、降低交易成本和提升区域创新能力等方面发挥了至关重要的作用。

然而，高铁对农业生产及粮食安全的影响，其根本问题在于在城镇化的过程中不同产业的相互协调与发展的问题。Atack et al.（2010）发现，在19世纪50年代美国中西部县域城镇化的发展过程中，铁路所发挥的作用占到总效应的58.3%。Brown（1994）对我国粮食安全的研究发现，中国作为世界上的人口大国、粮食生产大国以及经济强国，其快速城镇化会

---

① World Bank. World Development Report 1994：Infrastructure for Development ［M］. New York：Oxford University Press，1994.

对全球粮食安全造成不可估量的影响。此后，有中国学者就此问题也进行了探讨（王放，1997；臧武芳和潘华顺，2001）。但过去的研究结论时代色彩浓厚，并且主要是定性的讨论。城镇化迅速发展伴随而来的是农业劳动力流失，同时耕地被大面积应用到城市或城区的扩张版图中，因此，城镇化发展对耕地流失①与农业劳动力非农转移②的影响方面的研究逐渐成为研究热点。其中，一部分研究指出城镇化导致的耕地和农业劳动力流失会威胁到国家的粮食安全（程名望和阮青松，2010；梁书民，2005）。而另一部分学者则认为城镇化有助于经济增长，因为农业劳动力的转移和耕地流失尚未对中国的粮食安全构成威胁，因此，一味强调城镇化造成的劳动力和耕地流失问题，不仅会阻碍城镇化的正常发展，同时还会影响我国的农业现代化及经济发展（刘亮，2014；邓祥征 等，2005）。

大多数文献认为高铁建设对粮食安全的影响最容易通过加快城镇化的渠道产生作用（Christiansen，2009；Satterthwaite et al.，2010）。其一，高铁推动城镇化的快速发展，将导致农业劳动力非农转移，从而在劳动力投入层面威胁到粮食安全。其二，高铁推动城镇化的快速发展，致使城镇人口进一步扩张，进而对城镇空间的需求增加。城镇化发展将使城镇周边的农用耕地大量流失，从土地投入层面威胁到粮食安全。其三，高铁开通与城镇化的相互作用，会增加农业技术的流动，不仅可以促进当地的农业技术人员"走出去"学习，同时还可以吸引外地的先进农业技术、知识及产品"走进来"，从而提高当地的农业生产效率，从生产效率的层面保障粮食安全。

关于交通基础设施对农业发展的影响的研究已经屡见不鲜，但是我们不禁要问以下几个问题：

第一，关于讨论交通基础设施与农业发展之间关系的文献，早期的研究基本上是从定性的角度来展开，此后才慢慢出现一些定量的研究（李远铸，1985；刘玉满，2002）。上述定性的研究，要么简单地阐述交通基础设施对农业发展的作用，要么进行简单的描述性统计，很难分辨出农业发展水平的变化是否来源于交通基础设施水平差异。因此，目前我们需要采用

---

① 李秀彬. 中国近 20 年来耕地面积的变化及其政策启示 [J]. 自然资源学报，1999（4）：329-333.

② 张红宇. 城镇化进程中农村劳动力转移：战略抉择和政策思路 [J]. 中国农村经济，2011（6）：4-14，25.

计量经济学的实证估计方法来检验交通基础设施对农业发展的作用，从而弥补当前文献中所存在的不足。

第二，文献从农业生产的角度来讨论交通基础设施对农业发展的研究并不多见。Teruel 和 Kuroda（2005）讨论了菲律宾公共基础设施投资对农业生产的影响，发现公共基础设施投资能够提高农业生产效率，主要源于生产成本的下降。董晓霞等（2006）基于北京市的数据讨论了交通基础设施与种植业结构调整的关系。樊胜根等（2006）讨论了中国的道路投资对农业增加值的影响，其将公路划分了高低两个等级，发现高等级公路投资的影响并不显著，而农业增加值会受到低等级公路投资的显著影响，具体地，增加 1 元的低等级公路投资会提高农业增加值约 1.57 元。Donaldson（2018）发现铁路的接入使农民实际收入水平有所增加——铁路增加了16%的农业收入。Donaldson 和 Hornbeck（2013）估计了铁路导致的市场准入变化对美国一部分县农业土地价值变化的影响。Aggarwal（2018）以印度农村公路建设计划（PMGSY）为背景研究农村地区道路修建的经济影响，发现农村道路建设的投资可以促进市场一体化与农业技术进步，扩大生产性就业，提高地区人力资本水平，在农村地区形成可持续的减贫路径。Asher 和 Novosad（2020）发现印度农村公路建设计划（PMGSY）项目提高了交通可获得性，使从事农业活动的劳动力减少，但并未提高农业生产量和促进消费。Shamdasani（2021）研究发现，乡村道路的改善能够增加农业生产。以上研究均从不同角度讨论了交通基础设施对农业发展的影响，但几乎没有文献从农业生产角度出发系统性地讨论交通基础设施对农业发展的影响。

第三，关于交通基础设施对农业生产投入的影响研究并未全面考虑整个农业生产投入产出的系统性影响。张贵友等（2009）基于省级层面的面板数据讨论了各种农产品流通基础设施对农业生产的作用，并发现农产品交易场所和公路基础设施会影响农业生产。邓蒙芝等（2011）利用农户层面的微观调查数据，讨论了交通基础设施建设对农村劳动力流失的作用，研究表明交通基础设施的建设能够显著促进农村劳动力非农就业。Asher 和 Novosad（2020）基于印度的 PMGSY 项目发现本地的农业从业者显著减少，修路导致农村劳动力非农转移，农村的比较优势可能因此丧失。Shamdasani（2021）研究发现，乡村道路的改善促使家庭增加了生产资料的投入，其主要通过额外雇佣劳动力和增加使用家庭劳动力等两种方式增加劳动力投入。交通基础设施可能会对不同农业投入要素具有异质性作用，因此，沿线区县的农业生产方式也会受到其溢出效应的影响，但是鲜有文献研究交通基础设施对农业生产方式的系统性作用。

第四，部分文献讨论了交通基础设施对农业投入与产出的影响，但是相关的影响渠道却寥寥可数。一个主要的原因是，最近才陆续出现更为庞大的交通基础设施和农业微观数据集，此前的研究大多利用国家层面、地区层面以及省级层面的数据开展研究，市级层面的数据都很少见，因此，缺少讨论交通基础设施建设对农业生产投入产出影响的微观数据基础。

第五，鲜有文献将交通基础设施对农业发展的研究聚焦到高铁的影响。王亚飞等（2021）利用中国长三角的高铁开通讨论交通基础设施建设对农业全要素生产率的影响，但该研究主要是基于长三角城市层面的数据，而本书主要是基于全国县级层面的数据开展的研究。同时，王亚飞等（2021）在研究中存在聚类不足（few cluster）的问题，但他们并没有对该问题进行讨论。此外，张军等（2021）讨论了高铁开通对农业劳动力的影响，作者虽然采用的是 2007—2017 年的县级数据，但该研究对于农业劳动力的表征并不够精确，研究中作者使用农林牧渔从业人员数来表征农业劳动力，而现实中存在农民个体劳动力并没有计算在从业人员当中的现象。然而，本书的农业劳动力数据是由国家统计局提供的农林牧渔劳动力数据，对农业劳动力的表征可能更加准确，同时本书还包含更多的其他农业生产控制变量数据，并且本书的时间跨度也更长。高铁在我国如火如荼地发展，为我们进一步研究交通基础设施的作用提供了得天独厚的土壤，我们有必要以高铁为载体来讨论交通基础设施对农业投入与产出的影响。

基于以上讨论，本书从理论上系统全面地梳理了本研究的潜在价值。高铁对农业生产投入产出的影响是复杂的，一方面影响农业劳动力及耕地等主要投入要素的供给情况，另一方面也会促进农业技术交流与转移。系统地讨论这些问题将有助于我们深刻地理解高铁对农业生产投入产出的影响。同时，研究高铁对农业生产投入产出的影响有着重要的现实意义。一方面，全面评价高铁对农业生产投入产出的影响，能为政府制定相关农业政策提供针对性的参考依据，以更好地发挥高铁等交通基础设施对乡村振兴的推动作用；另一方面，交通基础设施的发展是支撑我国共建"一带一路"倡议的关键基础。"一带一路"沿线国家仍主要依赖于农业的发展，并且城镇化率相对较低，全面地评价高铁对农业生产投入产出的影响，有助于改善亚洲范围内的交通便利，同时为完善亚欧非地区的交通基础设施网络提供了参考建议，还有助于为"一带一路"沿线国家融合发展交通与农业提供经验支撑。

1.1.3 提出研究问题

俗语说"要致富，先修路"，交通基础设施的兴建真能有利于农业的发展吗？是否会显著影响农业生产投入、农业生产率及农业总产出呢？对农业生产有哪些积极或消极的影响呢？通过什么渠道影响农业的生产呢？具有怎样的异质性呢？新经济地理理论从交通基础设施的角度试图回答上述问题，其理论主要有以下两个观点：一方面，交通基础设施的改善能够促进要素资源的流动，通常会导致外围的资源向中心转移，因此各大中心城区或区域发展会越来越好，而周边的外围区域发展变得越发困难，形成中心区域的集聚效应（Chandra & Thompson，2000）；另一方面，交通基础设施也具有扩散效应，当中心区域和外围区域交通条件改善，则中心区域的技术、资源等要素也能够流动到外围区域，帮助外围区域的发展，有利于"中心—外围"整个系统的区域经济一体化（Demurger，2001）。前一种观点强调的是集聚效应，而后一种观点强调的是扩散效应。基于交通基础设施可能产生的集聚效应，本研究担心交通基础设施的建设会导致农业劳动力和耕地等主要农业生产投入要素的投入减少，进一步使得国家粮食安全受到威胁。但基于交通基础设施可能产生的扩散效应，交通基础设施的建设可能增加农业技术的交流，提高农业生产效率，进而保障国家粮食安全。那么，交通基础设施建设是否会威胁到我国的农业总产出及粮食安全呢？

关于交通基础设施的影响，大部分文献都在讨论城市的问题，但对于农村而言会怎样呢？国家最关心的农业生产又会受到交通基础设施怎样的冲击呢？本研究提出如下三个问题：

（1）交通基础设施建设会加快农业劳动力等主要农业投入要素的流失吗？如果会，作用有多大呢？同时会有什么异质性的影响吗？

（2）交通基础设施建设会提高当地农业生产效率吗？如果有显著的影响，那么是通过什么机制产生的呢？

（3）交通基础设施建设会威胁到农业产出及粮食安全吗？如果不会，原因是什么？

本书的写作动机主要源于上述问题。在随后的章节中，本书将从这些问题出发，通过指标选取和模型构造，讨论交通基础设施建设对农业投入、生产效率及产出的影响；同时，还将对上述问题进行丰富的稳健性检验和机制分析。

1.2 研究思路与研究框架

1.2.1 研究思路

目前，国内外文献对交通基础设施的研究主要涉及以下三个方面：①交通基础设施建设对工业或经济等方面的影响；②区域内部道路（如乡村道路）及其他农村基础设施（如灌溉设施）对农业生产的影响；③交通基础设施建设对企业生产率的影响。参照既有文献逻辑，本书围绕交通基础设施建设对农业生产的投入产出的影响展开研究，并侧重于高铁开通这一现代化交通基础设施建设影响主要农业生产投入要素、农业生产效率和农业总产出的事实、机制和动态趋势，为确保粮食安全及推进乡村振兴提供一定的依据，并提出相应的政策建议。

本书按照从历史背景到典型事实再到经验证据的逻辑，首先介绍中华人民共和国成立以来我国的交通基础设施建设和农业发展的历史脉络，其次总结我国的交通基础设施建设和农业发展过程中的现实问题，最后利用县级层面的微观数据对交通基础设施建设与主要农业生产投入要素、农业生产效率和农业总产出的因果关系进行研究。

第一，明确了本书的研究背景与意义、研究思路与内容及主要创新点，并在此基础上提出本书的三个研究主题：①交通基础设施建设对主要农业生产投入要素的影响；②交通基础设施建设对农业生产效率的影响；③交通基础设施建设对农业产出的影响。

第二，本书对相关理论基础和国内外文献进行了全面梳理。在理论概括和文献评述的基础上，发现既有研究的不足，并结合本书的行文思路，进一步提炼了本研究的意义和技术路径。

第三，本书重点介绍了我国交通基础设施发展的历史脉络、农业发展背景以及交通基础设施影响农业生产的理论框架。

第四，本书分别对三个研究主题进行实证分析，主要从农业的投入、效率和产出的视角考察了如下问题：交通基础设施建设会如何影响主要农业投入要素？交通基础设施建设会如何影响农业生产效率？交通基础设施建设会如何影响农业总产出？行文过程中，本书基于理论分析和实证检验的方法，从农业投入产出生产函数的角度系统且全面地讨论以高铁为代表的交通基础设施建设对我国农业生产的影响。

第五，基于实证分析的研究结论，对农业生产投入与产出变化的成因及时间规律有了更深刻的认识。本书提出了通过交通基础设施建设促进农业发展的政策建议，并指出了本研究的不足之处和未来改进方向。

本研究发现高铁开通导致大量的农业劳动力非农转移，并减少了高铁沿线地区的耕地面积；但与此同时，高铁开通显著提高了农业生产效率，因此高铁开通并没有实质性地威胁到我国农业总产出和粮食安全。

基于本书的研究结论，本书提出如下几个方面的政策建议：

第一，以高铁为大动脉的中国综合交通运输体系为我国乡村振兴提供了坚实基础。交通基础设施的建设，使人们交流与出行的成本降低，加速了城镇化进程，促进了农村剩余劳动力的非农转移，并推动了我国的经济增长和结构转型。

第二，部分相对落后地区的农业劳动力流失严重，可能导致某些地区的农地抛荒、农村人口空心化等问题更加严重，政府在制定相关政策时需要对这些问题多加考量。

第三，高铁开通有助于农业技术的发展，对党的二十大报告中提到的坚持农业农村高质量发展具有重要的现实意义，国家应当大力开展以高铁为代表的交通基础设施建设，让过去许多交通不便利的地方嵌入交通网络中来，享受高铁及其他交通基础设施带来的福利。

第四，充分发挥政府、社会和农民的作用，探索更多的由三方通力合作的农业产业项目，以更好地发挥高铁带来的资源再配置效应，提升农业生产效率。

第五，对于交通基础设施建设对农业生产及发展的影响，政府应该综合权衡其利弊。高铁建设在推动城市化进程的情况下，必然伴随着劳动力流失和农民弃耕抛荒的牺牲，政府需要制定相关的政策来促进当地农业技术的发展，进而保证当地农业生产不受影响。

1.2.2 研究框架

本书正文部分共包括七个章节，按照典型事实→文献梳理→发展现状

→数据处理→提出问题→解决问题→总结讨论的逻辑依次展开。本书各章主要研究内容如下:

第一章是导论部分,给出了本书的研究背景与意义、研究思路与内容及主要创新点。在我国已启动了大规模交通基础设施投资的背景下,政府如何应对农业劳动力非农转移与耕地流失、提高农业生产效率及保障农业产出与粮食安全等问题呢?这些是保障我国粮食安全及乡村振兴顺利推进的主要挑战。

第二章为理论基础与文献回顾,系统性地梳理了国内外相关理论与文献。在理论概括与文献评述的基础上,发现既有研究的不足并结合本书的行文思路,进一步概括了本研究的理论意义与研究价值。

第三章为交通基础设施及农业的发展现状与全书理论框架,重点介绍了我国交通基础设施发展的历史脉络、农业发展背景以及交通基础设施影响农业生产的理论框架。本部分基于统计年鉴、相关报告等统计资料,描述了中华人民共和国成立以来我国农业发展的历史、经验与成绩及过去一段时间交通基础设施与高铁建设的时间趋势等典型事实,进而提出本书具体的研究动机和问题。同时,本章构建了全书的理论框架,为后续实证分析提供研究思路。

第四章分析了交通基础设施建设对农业劳动力等主要农业生产投入要素的影响。研究发现,高铁开通显著改变了农业生产要素的投入结构。具体地,高铁开通减少了约 7.2% 的农业劳动力,同时降低了近 4.4% 的耕地面积。通过排除溢出效应、变换回归样本、调整气象变量、调整标准差的聚类方式、调整区域的时间趋势效应、考虑非关键地区的影响和安慰剂检验等方式进行稳健性检验后,发现这一结论依然成立。同时,进一步分析发现,机械总动力和化肥施用量等其他农业生产投入要素并未受到高铁开通的显著影响。

第五章评估了交通基础设施建设与农业生产效率间的因果效应。实证结果显示:①高铁开通显著地提高了农业全要素生产率;②高铁开通对农业全要素生产率的促进作用主要通过增加农业技术交流、增加机械与工作农具的使用,以及促进政府与市场的支持力度等途径来实现;③高铁开通对农业全要素生产率的促进作用呈现出逐年增强的趋势;④异质性结果表明,东部、距离本省省界更近、距离北上广更近及粮食生产大县等地区更容易捕捉高铁开通带来的溢出效应。

第六章讨论了交通基础设施建设对农业总产出的影响及其作用机制。研究结果表明，高铁开通使得"高铁县"的农业总产值增加了约 1.6%，但效果并不显著。通过一系列稳健性检验后，发现这一结论依然成立。此外，异质性分析表明，高铁开通显著增加了距离大城市更近地区与粮食生产大县的农业总产出。通过机制分析发现，高铁开通导致大量的农业劳动力进行非农转移，并减少了高铁沿线地区的耕地面积；但与此同时，高铁开通显著提高了农业全要素生产率，因此高铁开通并没有实质性地威胁到我国农业总产出和粮食安全。

第七章总结了全书主要研究内容和观点，提出政策建议，并指出本研究的局限性和未来拓展方向。

综上，本书的逻辑框架如图 1.6 所示：

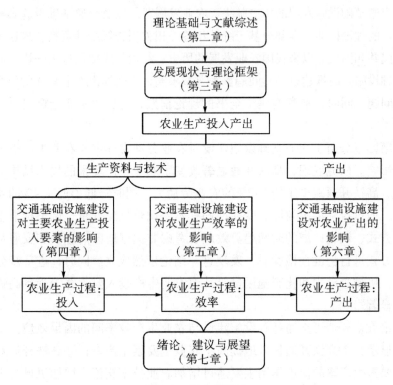

图 1.6　技术路线图

1.3 主要创新点

本书的边际贡献主要体现在研究视角创新、研究数据创新和研究方法创新三个方面：

首先，研究视角创新。本书从农业投入产出生产函数的角度来讨论以高铁为代表的交通基础设施对我国农业生产的影响，并进行了系统且全面的研究。本书首先基于农业投入产出生产函数的投入视角，发现高铁开通显著减少了农业劳动力和耕地存量，但机械和化肥投入并未因此改变；其次，基于农业投入产出生产函数的生产率视角，发现高铁开通促使农业生产效率得以提升；最后，基于农业投入产出生产函数的产出视角，发现高铁对整个农业生产链条呈现出正负两方面影响，但上述影响相互对冲，从而使得农业产出及粮食安全并未受到实质性威胁。

其次，研究数据创新。与高铁和农业相关的研究大多采用城市层面数据，甚至省级层面数据，基于县级层面数据的实证研究却屈指可数。一方面，作者做了大量基础性的县级数据搜集、整理和匹配工作，其中包括：县级层面农业数据、高铁数据、气象数据、社会经济数据及地理特征数据等，基于县级数据的研究能在一定程度上缓解宏观数据带来的"加总谬误"问题。另一方面，县级政府在高铁修建过程中直接参与站点选址、线路决策和财政支持等事务的可能性较低，因此利用县级数据开展高铁的相关研究具有更强的外生性。

最后，研究方法创新。一是，全书统一采用双重差分（DID）模型设定，能够精确地识别高铁开通对农业生产的影响，也能够保证各部分实证结果间的连贯性和可比性。二是，为保障识别策略的有效性和合理性，本书进行了下述扩展分析：①相比地级市及以上行政单位数据，本书采用县级层面数据来研究本话题，这有助于减轻内生性问题带来的困扰。②本书在实证分析中还控制了省份与年份交互固定效应，这有助于进一步克服因遗漏一些无法观测的省份层面时变因素而产生的估计偏误问题。③高铁的规划与修建通常会优先考虑省会城市、直辖市（县）等重要节点地区的布局和发展，而连接这些重要节点地区的高铁经过的县级行政单位普遍被认为是随机的、偶然的，本书采用剔除铁路规划中关键城市或行政级别为

"区"的样本的方式来提高估计准确性。⑤本书进行了丰富的稳健性检验，基准结果是否稳健关系到机制检验、异质性分析和拓展分析结果的可靠性，因此，本书采用多种稳健性检验方法保证了基准结果的可信度。三是，本书基于随机前沿分析（SFA）方法测算了多种不同设定条件下的农业全要素生产率，是对现有农业生产效率方面实证研究的有益补充。一方面，已有研究大多数采用人均或地均产出来衡量农业生产效率，对农业生产效率的测算相对粗糙；另一方面，部分文献使用数据包络分析（DEA）方法测算农业全要素生产率，但由于农业数据不确定性因素与测量误差的存在，SFA 方法计算得到的农业全要素生产率不仅从理论上优于 DEA 方法，而且在实际经验中也比 DEA 方法所得结果更为准确和稳健。

2 理论基础与文献综述

2.1 相关理论概述

本书涉及的经济学理论主要有：新经济地理理论、劳动力迁移理论、土地报酬递减规律、效率测度理论与生产效率理论、农业经济增长理论。接下来，本章将分别对以上理论的基本概念、研究内容、发展脉络以及本书的贡献进行介绍。

2.1.1 新经济地理理论

世界上大多数国家都存在着经济的空间集聚现象，而新古典经济增长理论和内生增长理论均以要素与商品的流动是无摩擦的或不需要成本的假设为条件，两种理论均未考虑空间因素所产生的影响。所以，上述两种理论并不能较好地解释各个国家或地区之间愈发严重的收入差距问题，同时也不能很好地反映现实生活中的经济聚集情况（李超，2017）。因此，Krugman（1991）和 Fujita et al.（1999）在城市经济理论、区位选择理论及新古典经济增长理论的基础上，利用垄断竞争理论与规模报酬递增规律为工具，开创性地将空间距离的影响以运输成本的形式引入研究模型中，从而奠定了对经济空间聚集的研究。

《收益递增与经济地理》于 1991 年正式公开发表，该著作引发了国内外学者对空间问题的重视，克鲁格曼（Krugman P.）在此著作中首次提出了新经济地理理论。该理论驳斥了传统的区域经济理论，因为要素在空间上移动无摩擦、不需要成本的前提条件过于理想，并不符合实际（Krugman，1991）。传统学者之所以设置过于理性的前提条件，主要是因为当时缺乏分析"不完全竞争"和"规模经济"的工具。Krugman

（1991）发现"规模报酬递增"的情况普遍存在于现实生活中。由于在城市里更容易获取各种生产要素以及接触和学习到最新的生产技术，更多公司将工厂设立在城市，同时随着城市不断扩大，工厂也跟着扩张，劳动生产率也会进一步提升，从而使公司的收益增加，因此呈现出"报酬递增"现象。

　　与此同时，Krugman（1991）还建立了典型的"中心—外围"模型，用来研究一个国家或地区内的产业聚集现象。"中心—外围"模型将工业生产设定为规模报酬递增，而将农业生产设定为规模报酬不变。最初，两个地区生产要素和市场规模完全相同，但偶然的冲击会使某一个地区获得相对优势，为了将这一优势不断扩大，相关制造业会逐渐向优势地区聚集；随着制造业的迁移，劳动力市场也随之迁移，从而促进这一地区经济的发展，劳动力聚集将吸引其他制造业进入这一地区，最终该地区通过不断积累逐步扩大，形成"中心区"，规模报酬递增得以实现。而另一个地区随着劳动力流出与制造业迁移，逐渐形成"外围区"，最终形成"中心—外围"的空间产业结构。"中心—外围"的空间产业结构主要有三大特征：首先，集聚区域劳动力市场具备"蓄水池"效应，同一行业中相似的企业在某区域聚集，促使工人在该区域聚集，从而形成劳动力的"蓄水池"，使企业更容易解决人力资源的相关难题，进一步缓解企业的不确定性问题，从而使企业更容易实现资本扩张以实现报酬递增。其次，集聚区域具备投入品效应，制造业聚集的区域可以吸引更多专业的供应商迁移至此，从而形成生产中心，同时受益于规模经济效应，生产中心也会不断扩张，从而持续不断地吸引更多专业上游供应商再次聚集。最后，集聚区域具备技术外溢效应，产业聚集的区域获取新知识、新技术与新工业的成本更低，从而增加了企业进一步向中心聚集的动力，获得技术溢出的正向外部性。

　　新经济地理理论为交通基础设施建设的溢出效应及其他可能的影响提供了理论基础，高铁开通能够促使"中心—外围"空间产业结构的形成。有助于我们更加全面地分析交通基础设施建设对农业生产的影响。

2.1.2　劳动力迁移理论

　　第二次世界大战之后发展经济学的研究硕果累累，从而催生出劳动力迁移理论。在诸多学者的推动下，该理论框架逐步完善。

（1）刘易斯城乡迁移模型

Lewis（1954）最早研究农村劳动力迁移的现象，并提出了刘易斯城乡迁移模型。他创新性地提出了一般均衡静态框架。该框架包含农业与非农业的两个部门模型。部门边际生产率存在差异决定了各个部门之间有着工资差异，致使劳动力在各个部门之间迁移。该理论框架假设农业部门中劳动力不仅无剩余，而且劳动力的边际生产率为零，因此农业劳动力迁移不会导致农业生产效率下降。此外，该模型认为农业劳动力迁移的同时也伴随着资本配置的增加，资本扩张所带来的额外岗位被迁移而来的劳动力所填补，从劳动力市场的需求与供给的角度来看，劳动供给与需求同时增加，因此劳动力的价格并不会偏移，而是保持相对的稳定。

同时，Lewis（1954）指出农业与非农部门的工资差异是导致农业劳动力迁移的内在动因，这种迁移不仅能够提高劳动力的收入，同时农业部门通过减少农业剩余劳动力来提高农业生产效率，工业部门也通过吸收剩余劳动力实现资本积累和扩张，实现帕累托改进，表现为非农部门个体收入增加和规模扩张统一，最终将会达到市场均衡。

Lewis（1954）提出的刘易斯城乡迁移模型从农业和非农业部门发展的不均衡角度出发，完整地解释了劳动力从农业部门向非农部门的迁移。同时该框架是在严格的二元经济结构前提下完成的，所以该模型分析框架得到了众多发展中国家，特别是我国近40年城乡迁移的事实论证，具有极高的应用价值。该模型开拓性地构建了二元经济结构的劳动迁移模型，为之后学者对劳动力迁移的研究奠定了基础。

（2）费景汉—拉尼斯模型

Fei（1961）和 Rain（1965）发现农业部门的农业生产率提高以后，劳动力产生会被挤出。所以，两位经济学家基于 Lewis（1954）提出的刘易斯城乡迁移模型的雏形，考虑农业部门边际生产力的影响，最终得到了费景汉—拉尼斯模型。

费景汉—拉尼斯模型假定农业部门的劳动力供应是有限的，而刘易斯城乡迁移模型并没有考虑到劳动力供给的假定。因此，两位经济学家根据不同的供给情况对农业部门的劳动力进行了划分，具体分为竞争性供给、有限供给和无限供给三种形式。同时，他们对刘易斯城乡迁移模型中农村劳动力迁移过程中劳动力效用缩减进行了解释。在劳动力从农业部门向非农部门迁移的过程中，劳动力原迁移的动因呈现出从收入差异到技能依赖的转移。具体而言，当劳动力处于竞争性供给和有限供给层面时，劳动力的迁移倾向于技能依赖与收入稳定的工作，而当劳动力处于无限性供给时，农业部门劳动力的迁移将更多地呈现出差异的收入。

综上，费景汉—拉尼斯模型对刘易斯城乡迁移模型进行了补充，他们将农业生产效率作为内生因素。同时，该模型放松了对技术中性的假设，从而考虑了技术变迁对农业部门迁移的影响，增强了模型的解释力。但是费景汉—拉尼斯模型仍然假定工资具有刚性，并不能完美解释发展中国家农业部门劳动力迁移的现实情况，缺乏了部分现实解释力。

(3) 乔根森模型

Jorgenson (1967) 在刘易斯城乡迁移模型、费景汉—拉尼斯模型的基础上进一步研究了劳动力迁移理论，提出了乔根森模型。他指出影响农业部门劳动力转移的根源在于生产力效率与收入的差异，发现消费结构的升级才是农业部门劳动力向非农部门迁移的根源。随着居民消费不断升级，农产品和工业品呈现出两种不同的供需现象，工业品可能会表现为供给稀缺，而农产品开始出现供给饱和的现象，因此工业品会出现稀缺溢价的情况，增加了工业部门的利润，这种溢价现象进一步加剧了农业部门与非农部门的劳动力收入差异，从而驱使农业劳动力向工业部门的迁移。

总体来说，乔根森模型在总结前人研究的基础上，为解释农村劳动力迁移提供了一个创造性的角度，对以往劳动力迁移模型中约定的农业生产率不变、刚性工资假设进行了放松，更加适应当前世界上大多数发展中国家呈现出来的劳动力迁移现实。但是，乔根森模型与刘易斯城乡迁移模型、费景汉—拉尼斯模型类似，均是从静态的角度出发，发现消费结构升级将导致工业部门劳动力收入的上升，但难以解释当非农部门存在失业时，农业劳动力仍存在着长期持续迁移的现象（高一兰，2010）。

刘易斯城乡迁移模型、费景汉—拉尼斯模型与乔根森模型对劳动力迁移的解释或多或少都存在一定的局限性，于是部分学者开始尝试从新的角度来研究劳动力迁移。其中以 Todaro (1969)、Harris 和 Todaro (1970) 为首的学者则从相对微观的角度来解释劳动力的城乡迁移，他们认为劳动力迁移是微观个体在效用函数约束下决策的结果。

(4) 托达罗模型

Todaro (1969) 提出了托达罗模型，他认为现实经济活动中城市工人失业和农村劳动力向城市迁移两种问题并存，二元经济框架却难以解释上述现象。他通过深入分析，认为二元经济框架假定工资存在刚性和劳动力需求不饱和两种假定过于理想，从而基于二元经济模型来分析劳动迁移存在着难以解决的局限性。在理性经济人假设前提下，Todaro（1969）认为，工资差异很大程度上会决定农村劳动力的迁移，但工资差异是指当期收入和未来预期收入的差异，即劳动力是否迁移是基于预期部门（城乡）收入的差异。当期的收入与迁移预期收入之间的差异成为农业部门劳动力决定是否迁移的根本依据，然而农业部门的收入并不完全低于迁移到非农（工业）部门的预期收入，因此在迁移过程中也会发生就业竞争，从而解释了城市工人失业和农村劳动力不断迁移两种问题并存的现象。

托达罗模型认为即便非农部门并未开始扩张或劳动力需求并不旺盛，农村劳动力也会不断向非农部门迁移。同时，农村劳动力的迁移决策和模式也会受非农部门的就业状态所影响。其原因是，在农村劳动力流失明显，而非农部门的劳动力过剩，整个劳动力处于这样的市场情况下，非农部门的工资收入会因为劳动力的竞争而下降（Zhao，2001）。

有学者认为托达罗模型比较符合中国国情，当前我国城市生活成本增加，导致城市预期净收入减少，从而使非农部门收入与农业部门收入之间差异不断缩小，最终导致农村劳动力的反向迁移与逆流动（管珍珠，2016）。同时，现代化农业的不断发展，促进了农业劳动力的就地非农就业，因而也在一定程度上加剧了农业劳动力逆流动的发生。

但是，托达罗模型仍然有着自身的不足，其模型部分假设过于绝对，并没有充分认识到劳动力就业的不完全性与不确定性（Wang & Chao，2011）。不过，托达罗模型在以往静态劳动力迁移模型的基础上引入了动态的思考，为后续的动态劳动力迁移模型提供了思路。

（5）哈里斯—托达罗模型

Harris 和 Todaro（1970）在结合托达罗模型的基础上，提出了哈里斯—托达罗模型。该模型假设非农部门工资率为外生变量，分析了非农部门工资率如何影响城市失业及农村劳动力迁移，同时基于劳动市场竞争的条件，为农村劳动力非农转移的客观现象提供了一个解释。哈里斯—托达罗模型认为，城市工资率在某种程度上是由外生决定的，因此当整体工资提高以后，城市的非农部门劳动力需求会下降，从而导致城市呈现出失业的问题。同时，城市较高的工资水平会吸引更多的农村劳动力向城市迁移，进而加剧了城市就业市场的竞争，从而出现城市失业加剧与农村劳动力迁移共存的现象。

相对于托达罗模型，哈里斯—托达罗模型更有特定的优势。哈里斯—托达罗模型对城市失业与农业劳动力迁移并存的现象进行了更为系统的解释。但是哈里斯—托达罗模型依然存在着局限性，一方面该模型假定城市非农就业工资率是外生的，该假定可能不符合市场规律（周世军，2012）；另一方面，哈里斯—托达罗模型仅考虑城市就业工资率，却忽视了农业部门工资率变动的影响。

毋庸置疑的是，非农部门与农业部门的工资差异是普遍存在的，农业部门的劳动力一定会通过个人的效用函数进行计算，并作出是否迁移的决定，该现象并不会受到城市劳动市场供需的影响。因此，政府部门想要解决城市失业问题，应从扩大非农部门的就业岗位与需求入手，而非设置屏障来阻碍农村劳动力的迁移。

（6）斯塔克模型

Stark（1984）在其研究中将重点放在微观劳动者的价值选择在城乡迁移决策中的作用，因此提出了斯塔克模型。斯塔克模型认为农村劳动力个体的决定主要是整个家庭集体决定与分工的结果。他将劳动力迁移的研究视角从个体层面修正为家庭层面。特别是，世界上大多数发展中国家农业部门劳动力在涉及个体迁移问题时，个人往往从家庭总收入考虑而非仅仅考虑某个人收入，亦即是根据预期家庭总收入的结果来决定是否迁移。传统农业的产出水平依赖于自然特性（Fujita et al.，1999），使得农业家庭存在着收入的不确定性，因而农村家庭更愿意选择迁移至城市。

与此前其他模型相比，斯塔克模型创新性地将研究主体聚焦在家庭上，从而将迁移的决策因素从收入水平延伸至收入的稳定性，由于农业部门天然性的高风险①，在较弱的制度约束下，迁移或许是必然存在的。

（7）基于分工效应的迁移模型

此前的劳动力迁移理论基本上都默认经济状态是非均衡的，这会导致农业和非农业部门之间生产效率存在差异，最终形成城乡收入差异、低效率部门劳动力流出。但是，以 Rozelle et al.（1999）和 Acemoglu（2002）为首的学者研究发现，由于生产要素具有稀缺性且唯一决定要素是价格，所以农业和非农部门的非均衡状态将在劳动力自由迁移的过程中不断修

---

① 这种风险主要集中在失业上，而不是农业风险中的劳而不得。

正，当两者达到一个临界点时，将达到均衡的状态。Rozelle（1999）和 Acemoglu（2002）分析了该平衡状态下的劳动力迁移行为。

Rozelle（1999）和 Acemoglu（2002）认为，提高要素配置效率的需求导致了农村劳动力的迁移。如前文所述，劳动生产率差异会在新一轮的均衡状态中逐渐消失，但农业部门分工的深化将导致产生一批类似于结构性失业的剩余劳动力，这些劳动力将被迫从农业部门迁移，所以说迁移具有长期性。

（8）斯坦斯特德的人力资本迁移模型

以上模型虽然都基于不同的假定对劳动力迁移模型进行了解释，但均难以解释"留守"现象，即农业劳动力迁移只发生在部分个体中，仍然有大量农村劳动力决定留在农业部门工作。基于此类现象，Sjaastad（1962）提出了人力资本迁移模型，他指出劳动力迁移是人力资本存量约束下的自选择行为，并以此为基础构建了人力资本约束的劳动力迁移模型。

Sjaastad（1962）以及后来的 Maxwell（1988）、Crozet（2004）等学者发现当期和预期收入均是人力资本的增函数，农业部门的人力资本存量较高，易产生人力资本冗余，致使人力资本出现浪费，但这种冗余人力资本进入非农部门就会充分发挥它的价值。

斯坦斯特德的人力资本迁移模型认为迁移决策是由多种因素决定的，比如长辈的养老问题、子女教育问题与个人发展问题等都可能影响个体的迁移决策，而存在以上问题的个体迁移概率也就大，这是一种典型事实（Alasia et al.，2009）。人力资本迁移理论从人力资本内在约束解释迁移，为解释农业劳动力迁移提供了新的视角。

劳动力迁移理论一方面解释了高铁开通对于农业产出的影响，另一方面也为高铁开通带来的劳动力迁移、耕地流失提供了理论支持。劳动力迁移理论认为，劳动力的非农转移不仅会影响农业产出，还会导致耕地的利用率下降。该理论为本研究提供了坚实的理论基础，特别是对于交通基础设施建设与农业劳动力等主要农业生产投入要素的研究起到了支撑作用。

2.1.3　土地报酬递减规律

杜尔阁（Turgot A. R. J.）[①] 于 1793 就开展了关于土地报酬递减规律的

---

① Turgot A R J. Reflections on the Formation and Distribution of Wealth ［M］. London：E. Spragg，1793.

研究，他提出，"将种子播种在肥沃但未开垦的土地上，可能会造成投资的大量损失。但如果投入一个劳动力，产出则必然能够提高，进一步再投入两三个劳动力，产出的收益很可能增加不止两三倍，甚至能够实现四到十倍的增加。直到投入的增加和产出的增加的比例达到最大限度点，若进一步增加投入，即使报酬仍在上升，可上升的幅度却持续降低，最后土地生产率降至零点"①。在此基础上，马尔萨斯（Malthus T. R.）于 1798 年在其著作《人口论》② 一书中进一步对土地报酬递减的思想进行了讨论。与此同时，斯密（Smith A.）、李嘉图（Ricardo D.）与马克思（Max K. H.）等经济学家在土地报酬递减思想的基础上演化出了关于地租的相关理论。西尼尔（Senior N. W.）③ 为土地报酬递减规律加上了一个重要前提，即农业技术在一定时期内保持不变，该成果于 1836 年正式发表。克拉克（Clark J. B.）④ 于 1899 年开创性地将农业生产投入划分为可变要素与不变要素，进一步厘清了土地、资本、劳动、技术等生产要素的收益规律。接下来，布莱克（Black J. D.）⑤ 在前人的基础上系统地研究了农业生产在不同阶段的报酬变化，开创性地提出了边际产量曲线、平均产量曲线与总产量曲线的定义，同时给出了三条曲线的大概趋势图，该研究不仅影响深远，同时为土地规模报酬理论提供了重要支撑，该成果于 1926 年发表在《农业生产经济学导论》一书中⑥。如图 2.1 所示，本书简单地绘制了土地的边际产量曲线（MPP）、平均产量曲线（APP）与总产量曲线（TPP）及其相互关系：

由图 2.1 可进行如下三阶段分析：

初始阶段：从平均产量曲线可以发现，平均产量逐渐上升，而平均产量的增加会导致投入要素的增加，从而进一步增加总产量，所以处在这个阶段时，进一步增加投入要素能够带来更大比例的总产量增长，因此在这个阶段继续加大投入要素将使生产效率进一步提高。从图 2.1 上可以看到，

---

① 刘潇然. 土地经济学 [M]. 郑州：河南大学出版社，2012.

② Malthus T R. An Essay on the Principle of Population. [M]. London：pengnin classics，1798.

③ Senior N W. An Outline of the Science of Political Economy [M]. London：W. Clowes and sons，1836.

④ Clark J B. The Distribution of Wealth：A Theory of Wages, Interest and Profits [M]. London：Macmillan，1899.

⑤ Black J D. Introduction to production economics [M]. New York：Holt，1926.

⑥ 毕宝德. 土地经济学 [M]. 7 版. 北京：中国人民大学出版社，2016.

处在这一阶段时，若投入要素 X_j 继续增加，在达到 A 点之前 TPP 与 APP 持续增加，而 MPP 则呈现出先增加达到最大值后下降的趋势。同时会发现一个现象，当投入要素 X_j 达到 A 点时，APP 与 MPP 会在此点相交，随后则进入投入要素报酬的第二阶段。若投入要素处在此阶段，则可以增加投入要素。

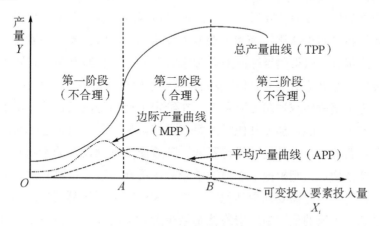

图 2.1　土地投入产出阶段分析①

第二阶段：从现实的情况来看，处在第二阶段时，农业生产是最为合理的。但具体投入多少的土地要素，还要考虑农产品的价格与投入要素的价格。如图 2.1 所示，MPP 和 APP 开始下降，TPP 仍然上升。当投入要素达到 B 点时，三条曲线表现为，APP 继续减少，TPP 增加至最高点，而 MPP 减少到 0 点。若投入要素处在此阶段，决策者要根据目标而采取对应的策略，若想 TPP 最大，可以增加投入要素直至 B 点；若想 APP 最大，可以减少投入要素直至 A 点。

最后阶段：生产处在这一阶段时，边际产量为负，总产量和平均产量同时下降，并不利于采用继续加大投入的方式增加生产。所以，当农业生产处于第三阶段时，决策者无须再继续投入。在一定时期内，在土地生产科技水平等其他变动投入要素不变的情况下，超过 B 点后，若进一步增加投入要素，MPP 变为负数，导致 TPP 开始下降，并且有可能 APP 也无限接近于 0。若投入要素处在此阶段，决策者可以适当减少投入要素，使投

① 关于 TPP、APP 和 MPP 的起点是否从 0 点开始，本书结合周诚（2003）和张安录（2016）的观点，判断 TPP、APP 和 MPP 不应该从 0 点开始，因为在其他要素不变的情况下，即使 X_j 投入量为 0，总产量也有很大的可能并不为 0，故 TPP、APP 和 MPP 的起点不应为 0。

入要素尽量保持在 B 点的水平。

从上述讨论中不难发现，投入要素最好能够处在 A 与 B 之间。当投入要素处在第一阶段时，投入要素并没有得到最高效率的利用，决策者可以进一步增加投入要素，从而增加土地的报酬。当投入要素处在第三阶段，土地的作用已经得到完全的发挥，若再增加投入要素反而会起到不利的影响，土地的生产效率会降低，该阶段可以适当减少投入要素，使投入要素尽量保持在 B 点的水平。当投入要素处在第二阶段时，投入要素变得相对灵活，决策者可以根据目标而采取对应的策略，若想 TPP 最大，可以增加投入要素直至 B 点；若想 APP 最大，可以减少投入要素直至 A 点。

从土地报酬递减规律可以发现，在给定土地面积的条件下，随着可变投入要素投入量的增加，其他投入要素保持不变，总会出现边际报酬下降的时刻。若假设土地的规模保持不变，随着交通基础设施的不断建设，投入要素持续增加，则根据土地报酬递减规律可知，边际报酬必然会有出现下降的可能，因此需要减少其他投入要素来保障边际报酬的持续增长，农户及其家庭采取的最容易的措施就是减少劳动力的投入，该理论为交通基础设施建设导致农业劳动力显著流失提供了理论基础。另外，交通基础设施会占用大量的耕地，同时劳动力的流失也会进一步导致耕地被弃耕抛荒，因此耕地并不会满足土地不变的假定，而是一个动态的土地投入，因此我们可以利用农业投入产出生产函数来讨论农业投入与产出的关系，在农业投入要素减少的前提条件下，要想保障农业产出不受影响，唯一的办法就是提高农业生产的效率。

2.1.4　效率测度理论与生产效率理论

"效率"（efficency）一词首次出现于物理学科，是用来测度机械作用过程中的能耗损失程度的。此后，"效率"一词便频频出现在其他学科，且原始含义被大大拓展了。聚焦到经济学领域，"效率"一词通常会伴随着生产函数的使用，其主要讨论了某一决策单元（decision making unit）的生产投入与产出之间的关系，这类效率被表述为"生产效率"或"技术效率"。如果决策单元在经济意义上被认为是有生产效率的，那么该决策单元需要在生产要素投入不变与技术条件变化的情况下，则其对应的产出能够达到潜在最大的产出水平；反之，若决策单元在经济意义上被认为是生产无效率的，则其未能实现潜在最大的产出水平。

早在20世纪50年代，Koopmans（1951）、Debreu（1951）和Shephard（1953）三位学者就分别对"技术效率"（technical efficency）进行了研究并做了定义。"技术效率"被定义为某一决策单元在产出不变的情况下，投入最少的生产投入；或者在生产投入不变的条件下，可以达到潜在最大的产出水平。随后，Farrell（1957）在其研究中开创了效率研究的一个崭新分析框架，对生产"综合效率"（overall efficency）进行了分解，即从"技术效率"与"配置效率"（allcative efficency）两个方面来分解"综合效率"，他指出生产综合效率是技术效率与配置效率的乘积。Farrell也对技术效率进行了定义，他认为技术效率是指在相同的产出水平下生产单元理想的最小可能性投入与实际投入的比率；而配置效率则是指以投入要素的最少成本的组合来生产出最优的产品数量。

Charnes et al.（1978）在Farrell（1957）的基础上，首次使用数据包络分析法（eata envelopment analysis，DEA）来测度公共部门与非营利部门的效率。DEA方法的核心是分析多个决策单元的投入—产出数据，基于线性规划的方法来确定有效生产前沿面，从而计算各个决策单元与有效生产前沿面的距离，进而测算出各个决策单元的生产效率（向书坚和吴淑丽，2012）。目前，通常采用规模收益不变（CRS）和规模收益可变（VRS）这两种方式来对分解效率进行计算，其中CRS模型主要是用来计算生产综合效率，而VRS通常被用来计算技术效率。同时，基于CRS模型计算得到的生产综合效率，可以分解为用VRS模型计算得到的技术效率和配置效率（Färe et al.，1994）。

大多数国家的经济发展往往需要以资源环境作为代价，如何权衡经济发展与资源环境的矛盾，逐渐成为学术界研究的热点。一部分学者将环境污染与资源消耗纳入生产效率分析的模型中（Repetto et al.，1997；Nanere et al.，2007），纳入环境污染与资源消耗的生产效率相关的理论研究和经验证据受到了该领域的重点关注。早期关于该方面的研究，错误地将环境污染当作投入要素收入生产效率分析的模型中，这样的设定方式混淆了生产过程中的投入产出关系，由此估计得到的生产率存在误差（Berg et al.，1992）。Chung et al.（1997）利用引入方向性距离函数（directional distance function，DDF）的方法改进了Berg et al.（1992）研究中存在的问题，他在设计全要素生产率的分析框架时，考虑了带环境因素的DDF，将每个决策单元的效率都朝着特定的方向改进，进而实现了非期望产出与期望产出的同比例减少。

生产效率的计算方法也是一个重要的课题，关于生产效率计算方法的讨论也受到了诸多学者的关注，Farrell（1957）在其研究中提出了非参数方法和参数方法两种方式来估计生产率。但两种生产效率的估计方法均具有一定的缺陷，其主要反映在生产前沿函数上面。非参数方法的缺陷在于利用边际附近的数据来估计生产前沿函数，异常值会影响生产前沿函数的估计，在测算生产效率时，由于有大量的决策单元数据，因而可能会产生误差。而参数方法则需要所有决策单元均满足生产有效率的条件，否则会影响生产前沿函数的估计。在后续的研究中，诸多学者在 Farrell（1957）提出的非参数方法和参数方法估计方法的基础上进行了拓展。

大量学者对参数方法进行了深入的讨论。Aigner 和 Chu（1968）基于产出的视角进行对数 Cobb-Douglas（C-D）前沿函数的估计，从而测算技术效率。Afriat（1972）运用极大似然方法（ML）来估计参数，其估计同样基于对数 C-D 前沿函数，但估计前假定 Gamma 分布作为技术效率的分布函数。Richmomd（1974）在 Afriat（1972）的研究基础上，利用联合最小二乘法（COLS）来对参数进行估计。以上估计方法均没有意识到误差或噪声会影响前沿函数的估计，都是在一个确定性的前沿函数的基础上开展的估计。由于越来越多的学者发现了误差或噪声对估计可能产生的偏差，随机前沿估计方法（stochastic frontier analysis）能够有效控制误差或噪音的影响，因此后续大量测算生产效率的文献均采用了该方法。

Aigner et al.（1977）与 Meeusen 和 van Den Broeck（1977）为了克服数据当中异常值对模型估计的影响，分别提出了一种带有随机扰动项的前沿生产函数的估计方法。该方法的基本逻辑是：假设随机前沿生产函数仍满足 Cobb-Douglas 前沿函数形式，因此有

$$\ln(y_i) = F(x_i;\ \beta) - \mu_i + v_i;\ i = 1,\ 2,\ 3,\ \cdots,\ n \qquad (2-1)$$

其中，y_i 表示决策单元 i 的前沿产出，$F(\cdot)$ 为决策单元 i 投入向量 x_i 与需要估计的参数向量 β（感兴趣的参数）对应的特定函数形式，而 μ_i 表示决策单元 i 技术效率（非负的向量，衡量技术效率缺失），v_i 表示随机扰动项。Aigner et al.（1977）在用基于 ML 的方法来测算生产率时，设定 μ_i 服从指数或半正态分布，而 v_i 服从正态分布。

学者们对生产率测算的研究有两个关注的重点。一是，随机前沿模型估计方法的研究。主要有两类方法：ML 和 COLS。其中，在早期由于计算

量小，COLS 有一定的优势。使用 ML 估计方法的研究更多，主要原因是计算机的计算量显著增加，同时相应的计算软件也在持续更新。二是，讨论随机前沿模型的函数形式的相关研究。其中，因使用参数方法而被广为使用的函数形式有：柯布—道格拉斯函数（Cobb-Douglas）、超越对数形式（Tranlog）和 Zellner-Revankar 广义生产函数（Greene，1980；Førsund & Hialmarsoon，1979；Kumbhakar et al.，1991）等。也有很多文献对非参数方法进行了研究。Farrell（1957）在研究确定性前沿函数中首次提出非参数的线性规划方法，即数据包络分析（DEA）。

该部分理论对于本书具有重要的支撑作用，基于劳动力流失和耕地面积减少的前提来看交通基础设施建设对农业生产的影响，得到的结论必然是交通基础设施的建设不利于农业的发展，但是交通基础设施的发展又是当前乡村振兴的前提条件。因此，本书讨论了交通基础设施建设是否会提高沿线地区的农业生产效率。

农业生产效率的提升能够弥补一部分劳动力流失和耕地减少带来的不利影响，同时还有可能会减少化肥和农药等污染环境的投入品的使用，进一步改善环境污染。因此，效率测度理论与生产效率理论有助于准确测算农业全要素生产率，这对于讨论交通基础设施建设对农业生产效率的影响研究具有重要的指导意义。

2.1.5　农业经济增长理论

早在 18 世纪 50 年代，重农学派经济学家魁奈（Quesnay F.）就开始关注农业经济增长理论的研究。重农学派的经济学家们普遍持有一个观点，就是经济的增长主要依赖于农业生产，人们若想让经济增长率继续提升，则需要投入资本与优化土地配置，进而使农业经济的增长规模进一步提高。

亚当·斯密（Smith A.）在其著作中提出，劳动、土地、技术与资本等要素决定了农业经济的增长，但他特别强调了技术进步对于农业产出的重要作用。大卫·李嘉图（Ricardo D.）同样认为技术的进步是推动农业增长的最重要的动力。在 20 世纪 50 年代，越来越多的发展中国家开始将资源主要投放到工业部门，为了效仿发达国家的成功经验，这些发展中国家认为农业资源配置的效率低下，对经济发展的作用微乎其微。舒尔茨①在其研究中提出发展中国家必须注重农业投资，并由传统农业向现代农业转变，他认为对于一个国家的发展而言，工业与农业都不可或缺，但农业部门是世界上大多数国家主要的经济来源，然而大多数发展中国家的农业一直使用传统生产方式，正因为传统农业生产过程中投资的收益过低，导致储蓄与投资并没有得到充分的刺激，所以农业并没有呈现出像工业那样对于国家经济增长的支撑作用。随后，舒尔茨认为引进和创造新的现代农业生产要素能够改造传统农业现状，并提高农业部门对国家经济增长的贡献，其中农业基础设施是现代农业生产要素的重要组成部分。在我国，张培刚教授也对农业经济增长理论进行了深入的研究，其主要成果发表在《农业与工业化》一书中，他描述了农业生产与工业发展的关系，将工业化的进程归纳为"先以农支工，然后以工促农"的总趋势。在工业化的初级阶段，工业发展需要大量劳动力，"以农促工"是这个阶段的主要表现形式。到了工业化的中期阶段，农业弱质性、农业劳动力流失和农村资本匮乏等问题开始显现，农业的发展也因资本不足而受到掣肘，并且资本在其他产业中获利后很难反哺农业。所以，中国政府进行了大规模的交通基础设施建设投资，进而打破了工业资本进入农业的进入壁垒，从工农互惠的角度刺激农业的发展，中国农业发展道路的方向沿袭了张培刚教授的思想。

农业经济的增长与交通基础设施的发展一直以来都是国内外学者关注的重要问题，交通基础设施被当作农业经济增长的前提条件。交通基础设施一方面能够通过降低技术交流的成本，促进技术的交流，从而促进农业经济的增长；另一方面可以使部分区域形成集聚的规模效应，增加经济发展的潜力。此外，交通基础设施还具有溢出效应，能将中心城市的资源扩散到外围的欠发达地区，有利于整个"中心—外围"区域的经济发展。

总而言之，交通基础设施的建设对农业生产的影响是一个复杂的过程，不仅受到政府、市场及农户等多种角色的同时作用，也受到整个农业投入产出生产链条中各个环节的影响，并且还受到多种理论基础（新经济地理理论、劳动力迁移理论、土地报酬递减规律、效率测度理论与生产效率理论、小农经济与小农生产理论、农业经济增长理论）的综合影响。

---

① Schultz T W. Transforming Traditional Agriculture [M]. Connecticnt：Yale University Press, 1964.

2.2 文献综述

研究表明交通基础设施的投资与建设对人口流动（黄春芳和韩清，2021；张明源和李震，2021；陈丰龙 等，2018；马伟 等，2012；Beyzatlar & Kustepeli.，2011；McCartney et al.，2012；Gonzalez-Navarro & Turner，2018；Baum-Snow，2007；Glaeser & Kahn，2008）、生产率（施震凯 等，2018；刘秉镰 等，2012；张浩然和衣保中，2012；张梦婷 等，2018；李谷成 等，2015；Olley & Pakes，1996；Yang et al.，2020；Kailthya & Kambhampati，2021）及经济发展（俞峰 等，2021；万海远，2021；张学良，2012；刘生龙和胡鞍钢，2010；Zhang，2008；Campante & Yanagizawa‐Drott，2018；Duranton & Turner，2012；Storeygard，2016）会产生影响。

本书重点分析了以高铁为代表的交通基础设施建设对农业生产主要投入要素、农业生产效率和农业产出的影响。平衡交通基础设施发展、城镇化发展水平和农业发展的关系，有助于维护我国粮食安全并能为乡村振兴战略筑牢基础。自20世纪以来，随着新经济地理理论的发展，交通基础设施对于城镇化及城乡经济结构的影响越来越重要；进一步，劳动力迁移理论、土地报酬递减规律、效率测度理论与效率理论也有助于我们更深刻地认识农业投入产出过程中农业主要投入要素与农业生产效率的重要作用；另外，农业经济增长理论强调了农业主要的生产方式及经济增长模型。以上理论不仅为本书提供了理论基础，还提供了研究方向。交通基础设施和农业生产的相关研究也逐渐成为城市经济学和农业经济学的热点话题。本书对交通基础设施建设、农业生产与粮食安全的影响、劳动力的影响、农业生产效率、农业产出的相关文献进行系统性梳理，并对文献进行了评述。

2.2.1 关于农业生产与粮食安全的研究

农业、农村与农民的问题是关系国家民生的根本问题，粮食是人类赖以生存和发展的关键基础。自2004年中央一号文件第一次关注农业以来，"三农"问题已经成为20多年来国家与政府关注的重点。历年来我国的中央一号文件相继颁布多项重要政策，涉及了粮食生产、耕地制度、粮食流通、水利工程、涉农投资等。21世纪以来，交通基础设施的大力发展以及城镇化进程的飞速加快，使农业劳动力、耕地等农业生产投入要素的短缺问题日益暴露，粮食安全问题令人担忧。

对于我国的农业生产及粮食安全的问题，早在1994年，时任美国世界观察研究所所长的Brown发表了《谁来养活中国?》一文，该文强调了中国在"农转非"过程中，农田、水资源和生态环境污染等方面的问题可能会导致中国的农业生产面临大面积减产，进而对世界产生不可估量的粮食缺口（Brown，1994）。

中国早期的粮食安全问题主要体现为粮食生产总量足够但粮食供给品种不足和品质较低，因此中国需要对外进口一定数量的粮食（陈锡文，1997）。毛学峰等（2014）从粮食品质的角度讨论了我国当前的粮食安全问题，其研究表明，我国肉类、植物油和食糖等农业消费品仍存在较大缺口。我国粮食生产呈现出分布不均的现象，我国最主要的商品粮生产基地在东北地区，同时东北地区承担着国家重大粮食安全战略"北粮南运"的主要任务（东北地区粮食物流与外运课题组，2010）。魏后凯和王业强（2012）在其研究中提出我国粮食安全还存在粮食跨区域运输的威胁。郑沫利和冀浏果（2010）对我国的粮食跨区域运输压力进行了深入调研，研究指出我国东北地区的粮食运输以铁路为主。姜长云（2006）对我国改革开放以来的数次粮食供求失衡成因进行了研究，发现稻谷相比其他主要口粮更容易导致我国的粮食供求失衡，稻谷也被认为是我国粮食安全问题的先导性和敏感性粮食品种。程国强和朱满德（2020）在研究中阐述了中国社会对于粮食安全问题担忧的来源，一方面源于一脉相承的民族生存智慧，另一方面源于中国粮食安全体系自身所面临的战略性威胁。此外，陈飞和翟伟娟（2015）与柯炳生（2020）分别在其研究中对威胁我国当下粮食安全体系的原因进行了归纳，他们认为庞大的人口基数、有限的水土资源、严峻的生态压力和复杂的国际环境是主要原因。习近平总书记也对粮食安全问题进行了总结，习近平总书记不仅把确保粮食安全当作我国首要任务[①]，同时还提出保障国家粮食安全是一个永恒的课题，任何时候这根弦都不能松（倪国华等，2021）。王斌和尹翔硕（2001）认为我国加入WTO以后粮食生产和贸易会受到严重的冲击。毛学峰等（2015）认为我

[①] 人民日报.坚决扛稳国家粮食安全重任[EB/OL].（2020-08-07）[2022-03-01].http://www.gov.cn/xinwen/2020-08/07/content_5533032.htm.

国未来的粮食安全风险更多可能来源于粮食流通与贸易方面。朱晶（2003）讨论了农业公共投资对粮食安全的影响，他发现加大农业科研投入有助于增加我国主要粮食产品的竞争力。国家及地方政府加大财政支农经费的投入很大程度上会增加农户种粮的积极性。改革开放以来，粮食产出会受到粮食的定购价格和定购数量（粮食双轨制度）的影响（王德文和黄季焜，2001）。国家为鼓励农业生产，施行了一系列的农业补贴政策，研究发现农业补贴政策对于农民增收与粮食增产起到了关键性的保障作用（冯海发，2015；王欧和杨进，2014；钟甫宁 等，2008）。也有大量学者将粮食安全问题归因于我国的粮食生产效率不足、农业生产技术不高。高鸣和宋洪远（2015）的研究发现，中国粮食生产效率低下导致大量的效率损失，这些农业生产的效率损失是影响我国粮食经济增长的主要因素。高鸣等（2017）利用2003—2014年全国农村固定观察点的微观数据讨论了粮食生产效率损失的问题，其研究发现农业补贴能够显著减少粮食生产效率损失，进而保障粮食安全。

我们将视野投向国际，其他国家也对粮食安全问题充满担忧。Sen（1981）在其研究中解释到，粮食安全的主要问题在于人们的粮食获取能力不足，我们不应该把问题的根源归结于粮食的供给不足。有研究表明，农业补贴作为国家制定的促进农业发展的政策之一，对农业生产、粮食供给、粮食安全都起到了积极的作用（Just & Kropp, 2013；Moro & Sckokai, 2013；Ahearn et al., 2006）。也有学者从微观层面讨论了影响粮食安全的主要原因，他们的结论表明家庭的收入与购买力以及粮食价格等是影响粮食安全的重要原因（Bigman, 1993；Senauer & Roe, 1997）。速水佑次郎和神门善久（2003）在其著作中说明，当一个国家还处于低收入水平时，该国在进入工业化、城市化的时候一定会经历粮食短缺等粮食安全问题。Schultz（1980）认为应对粮食安全问题应该提高国内粮食的自给率，以国内粮食生产来缓解本国对国际粮食的需求依赖，并进一步对传统农业进行改造和升级，逐步实现国内粮食生产的基本自足。一些国家为了应对粮食安全问题，采用了一系列不计较后果的方案来提高本国的自给率，但是大多数国家的农业劳动力、耕地、水资源并不能实现本国自给，因此粮食安全的严重性更加凸显，同时又导致了生态环境遭到破坏，生态危机又进一步威胁到国家的粮食安全，因此粮食安全与生态环境的矛盾呈现出此消彼长、逐渐恶化的现象（Wright, 2001；Gouel et al., 2016）。为了保障粮食安全，学者们对国家粮食储备战略的理论体系进行了深入的研究，他们模拟在未来不同时期可能会面临的粮食安全威胁，并基于仿真的方式求解相应的最优政策工具组合（Newbery & Stiglitz，1982；Deaton & Laroque，1992）。

2.2.2 关于交通基础设施建设的研究

交通基础设施是国家兴国之器、强国之基，同时也是国家彰显本国综合国力的重要信号。亚当·斯密的研究表明，以交通运输为代表的基础设施的发展对地区的经济有积极作用①。近一个世纪以后，弗里德里希·李斯特在对美国的铁路、运河等交通基础设施进行系统的研究后，提出影响工业和农业生产的关键在于交通基础设施的运输效率，同时发现交通基础设施为美国经济的社会繁荣提供了解释②。交通基础设施作为我国重要的基础设施，对经济社会发展过程中的各个方面都产生了关键性的作用。关于交通基础设施对经济社会发展的影响也成了学者们研究的重点和热点，国内外学者围绕此话题开展了一系列研究，形成了丰富的理论体系和经验证据。

2.2.2.1 交通基础设施与经济增长

交通基础设施对经济增长的影响，长期以来都是经济学研究领域的重要话题。

在国外，早期的经济学家并没有对"基础设施"产生深刻的认识，但是当时的经济学家们已经意识到了交通、港口、水坝、仓库等对经济发展的重要影响，此外也认识到公共事业、公共工程等在国家经济职能中扮演的重要角色。弗朗斯瓦·魁奈（2009）③ 认为基础设施的价值与固定资产的价值相同。亚当·斯密（1979）④ 在其著作《国富论》中明确提出了交通基础设施对经济增长的显著影响，并认为道路、桥梁、通航运河、港口等公共设施有益于经济发展，国家的重要职能就是维护并建设这些公共设施。威廉·配弟（1978）⑤ 提出完善的交通基础设施不仅能保证运输，同时可以降低交易成本，进而促进国家经济繁荣。弗里德里希·李斯特

---

① 亚当·斯密. 国民财富的原因与性质研究 [M]. 北京：商务印书馆，1979.
② 弗里德里希·李斯特. 政治经济学的自然体系 [M]. 北京：商务印书馆，1997.
③ 弗朗斯瓦·魁奈. 经济著作选集 [M]. 北京：商务印书馆，2009.
④ 亚当·斯密. 国民财富的原因与性质研究 [M]. 北京：商务印书馆，1979.
⑤ 威廉·配第. 政治算术 [M]. 北京：商务印书馆，1978.

（1997）① 的研究表明了交通运输是生产增长的源泉，新建的公路与运河，不仅可以增加建筑材料、燃料和各种消费品等投入品的需求，同时还可以增加劳动力的需求，这些投入品和劳动力的需求都有助于当地产出的增长。让·巴蒂斯特·萨伊（1982）② 认为国家的公共建筑费用应该主要投资于修建铁路、桥梁、运河等工程，同时提出公共建筑费用对财富增长起到了积极的作用。阿尔弗雷德·马歇尔（1965）③ 讨论了交通基础设施的发展对工业企业空间布局的影响。约翰·梅纳德·凯恩斯（1999）④ 认为公共基础设施工程对解决失业和恢复经济等方面起到了重要作用。华尔特·惠特曼·罗斯托（1956）⑤ 的研究表明交通基础设施是国家经济起飞的必要条件。

随着数据易得性的提高和计量经济学的发展，越来越多的实证研究开始关注基础设施，尤其是关于交通基础设施对经济增长的影响的研究。Aschauer（1989）率先开展了交通基础设施对经济增长的影响的研究，这项开创性的研究讨论了美国生产率与公共资本投资的关系，实证结果表明街道、高速公路、机场等公共交通基础设施对生产力的增长具有最大的解释力，同时他还指出在过去 15 年美国的"生产率放缓"中公共资本投资的下降扮演着重要角色。Hohz-Eakinl 和 Schwartz（1995）以州际高速公路为证据，讨论了交通基础设施对经济增长的影响以及生产率的空间溢出情况。Rietveld 和 Nijkamp（2000）分析了交通基础设施项目的实施对区域和国家经济增长的影响，同时讨论了交通可达性的降低对区域经济的贡献。Cantos et al.（2003）基于西班牙的数据讨论了不同交通运输方式对各区域和部门经济增长的影响，并分析了公路、港口、机场、铁路等交通基础设施对农业、工业、建筑业和服务业等产业的产出弹性，他们发现交通基础设施的建设对各产业增加值都有显著的积极影响。Duranton 和 Turner（2012）研究了 1983—2003 年美国州际高速公路建设对美国城市与经济发展的影响。Storeygard（2016）研究了城际运输成本对撒哈拉以南非洲城市居民收入的影响。Campante 和 Yanagizawa-Drott（2018）讨论了国际长途

① 弗里德里希·李斯特. 政治经济学的自然体系 [M]. 北京：商务印书馆，1997.
② 让·巴蒂斯特·萨伊. 政治经济学概论 [M]. 北京：商务印书馆，1982.
③ 阿尔弗雷德·马歇尔. 经济学原理 [M]. 北京：商务印书馆，1965.
④ 约翰·梅纳德·凯恩斯. 就业、利息和货币通论 [M]. 北京：商务印书馆，1999.
⑤ 华尔特·惠特曼·罗斯托. 经济增长的阶段 [M]. 北京：中国社会科学出版社，2001.

航班对全球经济活动空间配置的影响，他们发现航空联系增加了商业联系，同时促进了资本的流动。

同时，国内也涌现出一系列关于讨论交通基础设施与经济增长之间关系的文献，尤其是改革开放以来，其研究成果颇丰。侯荣华（2008）构造了交通基础设施经济性分析的理论分析模型，从理论上讨论了交通基础设施与经济增长之间的关系。刘秉镰等（2010）利用空间计量的方法研究了以铁路和公路为代表的交通基础设施对全要素生产率的影响，发现我国交通基础设施的发展对全要素生产率产生了显著的积极作用。刘生龙和胡鞍钢（2010）采用理论和实证相结合的方式，讨论了交通基础设施对我国的经济增长的作用。刘生龙和胡鞍钢（2011）利用引力模型的方法证明了我国交通基础设施的改善对区域经济一体化有显著的促进作用。

2.2.2.2 交通基础设施与区域发展

一大批学者从交通基础设施发展的角度来讨论区域的发展，即交通基础设施改善对于产业集聚的影响。早期的文献主要集中于区位论的讨论与拓展。约翰·冯·杜能（1826）① 探究了交通运输成本对产业区位的影响，研究表明农产品产地与消费市场之间的交通距离及交通运输成本会影响农业产业的空间布局，决定了农产品的产地和市场的地理空间布局。阿尔弗雷德·马歇尔（1890）② 则指出交通基础设施的兴建能够促进市场扩张，并且也会对工业企业的空间布局产生影响。伯特尔·俄林（1931）③ 研究发现，交通基础设施发展的差异会造成不同地区的运输条件、运输网络与运输便利程度不同，会产生不一样的运输成本，进而制约了生产要素与产品市场之间的流动性，因此产业的空间布局必须重点考虑不同地区的交通运输成本。随着新经济地理学的发展，越来越多的学者开始关注交通基础设施建设对产业空间布局的影响。Melo et al.（2013）对比了美国和欧洲的交通基础设施水平，发现美国相较于欧洲，其交通基础设施的产出弹性更高，其中公路等道路交通基础设施起到了决定性的作用。Boarnet（1998）不仅讨论以高速公路投资为例的公共基础设施投资对于产业区位的影响，还对空间溢出效应进行了考量。Tabuchi 和 Thisse（2006）的研究表明，交通基础设施水平的不同，会导致交通运输成本和贸易成本存在差异，进行

---

① 约翰·冯·杜能. 孤立国同农业国和国民经济的关系 [M]. 北京：商务出版社，1986.
② 阿尔弗雷德·马歇尔. 经济学原理 [M]. 北京：商务印书馆，1965.
③ 伯特尔·俄林. 区域贸易与国际贸易 [M]. 北京：华夏出版社，2017.

影响产业的空间布局、产业集聚。Holl（2004）讨论了 1980—1994 年道路交通基础设施对西班牙城市制造业的区位选择、空间分布的影响。Tsekeris 和 Vogiatzoglou（2014）对希腊各类公共基础设施投资对经济活动的区域专业化进行了讨论，发现提高公路、机场等交通基础设施的投资可以促进制造业产业集聚。Holl（2016）的研究表明，高速公路的兴建有助于经济活动的集聚。Kim 和 Knaap（2001）认为交通基础设施网络密度更高的沿海地区更容易形成经济活动及产业的集聚，进而对沿海地区的区域发展快于其他地区的现象进行解释。

国内的学者也对交通基础设施改善对区域发展的影响开展了丰富的研究。沙安文等（2006）认为交通基础设施的发达程度会影响各地交通运输的成本，进而影响不同地区的区域吸引力和发展潜力。张芬（2007）研究了交通基础设施水平对区域经济发展的影响，并把东、中、西部和城乡之间的差异与交通基础设施水平的差异放在一起研究，提出想要改善区域发展之间的不平衡只有以改善交通基础设施水平为出发点。刘育红和王曦（2014）基于引力模型证明了交通基础设施对城际间贸易、区域经济一体化具有积极作用。赵鹏（2018）研究发现交通基础设施会阻碍相对价格的波动，对区域经济一体化具有积极作用。肖挺（2016）在研究中发现部分东、中部城市从其交通基础设施中获得了福利，进而影响区域经济发展。罗能生和孙利杰（2019）发现公路交通基础设施会降低区域之间的经济差距，有利于区域经济平衡。董洪超和蒋伏心（2020）探究了铁路、高速公路、普通公路、内河航道等交通基础设施对区域市场一体化的影响，发现我国区域市场化仍然存在市场分割的现象，同时各种交通基础设施都会显著地推动区域市场一体化。学者们也发现交通基础设施的发展有助于我国地区的工业集聚（金煜 等，2006；刘钜强和赵永亮，2010）。

2.2.2.3 交通基础设施与生产效率

国内外大部分研究都是集中讨论交通基础设施建设与工业或农业的投入和产出的关系，不过，关于交通基础设施对生产率的影响的研究也开始受到国内外学者的关注。

Holl（2016）基于西班牙制造业企业的面板数据，研究了高速公路对制造业企业生产率的影响。Ghani et al.（2016）基于印度高速公路的升级项目，研究表明道路交通基础设施不仅能够改善企业生产率，同时还可以提高整个产业的资源配置效率。Datta（2012）研究发现印度高速公路升级，道路阻碍减少，不仅提高了企业生产率，同时也减少了平均库存。Graham（2007）研究表明交通基础设施建设会增加城市密度与经济集聚，进而提高生产效率。Fernald（1999）研究发现，在基础设施中占比最大的道路基础设施的增长发生变化时，车辆密集型行业从道路建设中受益更多。Pradhan 和 Bagchi（2013）研究表明交通基础设施的增加能够改善资源的配置和使用效率，不仅有利于经济发展，同时也提高了生产效率。Aitken 和 Harrison（1999）认为更低的运输成本可以降低企业的平均成本，使企业享受更大的规模经济效应，进而提高企业生产率。交通基础设施能够大规模地降低交通成本，而交通成本的降低会提高当地的市场可达性和一体化程度；与此同时，经济资源会从低效率向高效率的企业转移，优化资源配置的效率，提高制造业企业的整体生产率（Bernard et al.，2007；Lileeva & Trefler，2010；Bustos，2011）。

刘秉镰等（2010）采用空间面板计量的方法讨论了交通基础设施建设对我国全要素生产率增长的影响，他发现铁路和公路等道路基础设施的完善显著提升了我国的全要素生产率，公路基础设施相较于铁路而言对于企业全要素生产率增长的贡献更明显。龙小宁和高翔（2014）讨论了我国高速公路基础设施改善对制造业企业生产率提升具有积极的作用，并发现以高速公路为代表的交通基础设施能够节省出行的时间成本，同时可以缩短货物运输的时间。刘冲等（2020）利用我国 1998—2007 年的制造业企业面板数据，从市场可达性的角度，讨论了交通基础设施对中国制造业企业全要素生产率的影响。王永进等（2010）研究发现交通基础设施可以加快生产中各要素的流动，同时能够降低流动成本和技术投入经费，进而提升生产技术和效率，从而提高企业的全要素生产率。施震凯等（2018）在我国六次铁路大提速的基础上，分析了沿线企业的技术和效率是否受到交通基础设施改善的影响，研究表明交通基础设施的改善能够提高全要素生产率，同时发现其对非国有控股、沿海地区、出口型企业的影响更加显著。此外，李涵等（2020）在其研究中表明，交通基础设施的改善能够显著提高中国农业劳动生产率。

2.2.3　交通基础设施建设对主要农业投入要素的影响研究

粮食的生产是一项系统且复杂的工程，劳动、土地、技术和农业要素投入之间的交互作用构成的繁杂农业生产函数。为了保障我国的粮食安全，各传统农业投入要素的贡献至关重要（叶明华和庹国柱，2015）。学者们分别讨论了农业劳动力（白南生，1996；王跃梅 等，2013）、土地（姚洋，2000；张红宇，2002）、农业机械化（周瑜岚 等，2014；江泽林，2018）、农用化学品（柳直勇 等，2016；龚斌磊，2010）等要素投入以及农业政策对农业与粮食生产的影响。此外，大量的文献讨论了交通基础设施建设对各种农业投入要素的影响。

2.2.3.1 交通基础设施建设与人口及劳动力流动

交通基础设施是城市空间发展的骨架，城市空间发展是城镇化的具体表现。人口及劳动力的流动是家庭层面劳动力资源重新配置的过程，同时是家庭成员之间的契约安排。

Atack（2010）利用美国中西部 1850—1860 年的数据，讨论了以铁路为代表的交通基础设施对人口密度的影响。Duffy-Deno 和 Dalenberg（1993）的研究表明，在短期内交通基础设施每提高 1%，会导致劳动力需求和供给分别提高 0.06% 和 1.29%。Duranton 和 Turner（2012）讨论了交通基础设施（高速公路）对劳动力流动及就业的影响，发现高速公路每增加 10%，劳动力就业成功率就会提高 1.5%。然而，Harchaoui 和 Tarkhani（2003）以加拿大 37 个产业为基准，发现有 35 个产业的基础设施投资的劳动力就业弹性小于零，基础设施的投资在大多数产业并没有帮助更多的劳动力匹配成功。Kamps（2004）对 OECD22 个国家基础设施投资与劳动力流动及就业的关系进行了研究，结果仍然表现为基础设施投资的劳动力就业弹性并不一定为正，其中弹性为正和负的国家几乎各占 50%。Jiwat-tanakulpaisarn et al.（2010）利用 1984—1997 年美国 48 个州的高速公路数据考察了交通基础设施投资对劳动力流动及就业的影响，基于内生性的模型，其估计得到的系数并不显著，这意味着高速公路基础设施对劳动力流动及就业的影响不显著。Dong et al.（2020）发现中国高铁网络的建设能够减少跨城市的通勤时间，降低不同城市的技术工人面对面交流的成本，有助于跨区域的人才流动。Asher 和 Novosad（2020）基于印度的 PMGSY 项目发现本地的农业从业者显著减少，修路导致农村劳动力转移，农村的比较优势可能因此丧失。

因此，关于交通基础设施发展对劳动力流动及就业的影响，外国学者们观点并不统一。有学者认为交通基础设施的发展有助于劳动力的流动，也有学者认为其不利于劳动力的流动，此外少部分学者认为交通基础设施的发展对劳动力的影响并不显著。

国内的学者也对交通基础设施建设与人口、劳动力流动的关系进行了讨论。马伟等（2012）利用引力模型研究了火车交通基础设施对人口迁移的影响，研究表明，火车每提速 1% 会使跨省人口的迁移增长约 0.8%。王赟赟和陈宪（2019）讨论了高铁开通导致的通勤成本降低对人口流动的影响，发现高铁减缓了部分中小城市的发展速度，而增加了大城市的集聚效应。余泳泽和潘妍（2019）研究了交通基础设施减少对劳动力流动的影响，发现高铁的开通能够从异质性劳动力转移角度缩小城乡之间的收入差距。张军等（2020）利用农林牧渔从业人员数表征农业劳动力讨论高铁对农业劳动力转移的影响。高铁的发展能够直接降低地区间的流动成本，加速劳动力的流动。国内关于交通基础设施对人口及劳动力流动的影响的研究的文献几乎保持一致的观点，即认为交通基础设施的建设有助于人口及劳动力流动，增加经济的活力。

2.2.3.2 交通基础设施建设与土地利用及城市空间增长

Atack（2010）利用美国中西部 1850—1860 年的数据，讨论了以铁路为代表的交通基础设施对城市化率的影响，认为铁路网络的扩张能够拓宽美国中西部的城市面积。Badoe 和 Mille（2000）讨论了公共交通与土地利用、城市形态之间的相互作用，交通基础设施的发展同样需要综合考虑城市密度和土地利用的情况。Arrington（1989）讨论了城市轻轨的建设对土地利用的影响。Kelly（1994）认为交通基础设施的发展会影响土地使用模式，而土地使用的政策显然也会影响交通系统，交通系统和土地利用存在一种循环关系。Atash（1996）认为不协调的土地使用和交通规划导致了美国许多大都市地区的无序发展，他认为美国应综合利用城市土地使用和交通政策来应对未来交通运输的效率问题。Song et al.（2006）认为公路建设加速了城市的发展，并且使土地的利用发生改变，如交通基础设施沿线的耕地会被占用。Kasraian et al.（2016）的研究表明交通基础设施的建设会对土地利用产生影响。

国内学者也就交通基础设施对土地利用及城市空间增长的影响进行了讨论。洪世键和张京祥（2010）发现交通基础设施的改善有助于城市空间的增长，且不同的交通基础设施对城市空间的增长具有异质性的影响。李连成（2012）认为公路交通基础设施建设会占用大量的耕地，其研究表明我国公路基础设施建设会使用大量的土地资源，其中农业用地的比重约为

57%。王明怀和陈茜（2001）认为交通基础设施建设会挤占大量的耕地，还可能诱发水土流失，同时也可能导致土壤质量的降低，严重影响我国的国土资源。

2.2.3.3 交通基础设施建设与农业机械化

国内外少部分学者讨论了交通基础设施、地理特征对农业机械使用的影响。农村交通基础设施是农业现代化的先行资本，为农业机械的应用创造了外部条件。张宗毅等（2011）在研究中提出交通条件是影响农业机械化发展的关键。周晶等（2013）认为公路交通基础设施是农机跨区作用的前提条件。王雨濛等（2015）指出受地理、交通条件的影响，大部分山区、丘陵地带的农机化服务水平过低，农村交通基础设施能够为农业机械化的推广创造有利的条件。李琴等（2017）从地块特征的四个方面讨论了地理条件对于农户农业机械的使用的影响，研究表明地块零碎化、土壤质量、基础设施便利性和地块来源这4类地理条件均会对农业机械化的推动产生影响。双琰和王钊（2018）认为公路交通基础设施的改善能够促进农业生产的集中度，其发现中、高等级的公路能够显著影响农机农具的使用。罗斯炫等（2018）认为公路基础设施建设能够促进农机跨区作用，进一步影响农业增长。滕兆岳和李涵（2020）认为收费公路农业机械免费通行的政策能够降低交通运输成本，从而能够显著提高当地的农业机械化水平。刘琼和肖海峰（2021）研究发现交通基础设施的改善有利于中大型农业机械跨区作业。Bai et al.（2021）加快为农业机械化服务的道路基础设施的建设有利于农业机械化的推广。

2.2.3.4 交通基础设施建设与农用化学品施用

国内外少部分学者讨论了交通基础设施对化肥等农业化学品施用的影响。遏制农用化学品的滥用在实现农业现代化的过程中扮演着重要的角色。黄佩民等（1995）认为，加强农业基础设施的建设有助于农业现代化的发展。苏杨和马宙宙（2006）认为加大力度维护农业基础设施的建设，有助于减少农用化学品的施用，能更好地应对农村农业现代化过程中的生态污染问题。吴清华等（2014）研究表明公路基础设施会影响劳动力、固定资本、化肥投入等生产要素的投入。双琰和王钊（2018）认为公路交通基础设施的改善能够促进农业生产的集中度，其发现中、高等级的公路对能够显著地影响化肥施用量。世界银行（1994）指出全球因为交通基础设施不畅造成的农作物损耗约15%，此损耗仅仅计算了从农户到市场过程中的损耗,根据世界银行的估计,如果各国能够改善交通基础设施的条件,那么农户能够降低14%的化肥成本。在过去20年的时间里,印度政府增加了对化肥等的补贴,却牺牲了对道路等基础设施的投资,侧面反映了交通基础设施与化肥投入之间的替代效应(Gulati & Sharma, 1995)。Zhang和Fan(2004)认为农业基础设施能够降低农业投入的成本,而投入成本的节省可以使农民能够购买更多的化肥,从而进一步提高产量。

2.2.4 交通基础设施建设对农业生产效率的影响研究

大部分研究都认为交通基础设施对全要素生产率的影响具有正的外部性(Aschauer, 1989;Munnell, 1992;Morrison & Schwartz, 1994;Fernald, 1999;Shirley & Winston, 2004;Fedderke et al., 2006)。还有部分学者的研究表明交通基础设施对全要素生产率并未体现出正向的外部性或促进作用微不足道(Hulten & Schwab, 1991;Holtz-Eakin, 1994)。

在实施乡村振兴战略的大背景下,提高农业发展中的农业全要素生产率是我国实现农业产业振兴的关键(洪银兴 等,2018)。在城镇化的进程中,土地、劳动力等农业投入要素会逐渐流失,而提高农业全要素生产率是未来很长一段时间内保障农业生产稳定及粮食安全的唯一途径(李翔和扬柳,2018)。

Teles 和 Mussolini(2012)基于拉丁美洲的研究表明交通基础设施对提高农业生产率具有积极的影响。Suri(2011)发现交通基础设施对农业技术投入和资本投入的促进作用明显。Adamopoulos(2011)讨论了交通运输条件对农业发展的影响,其研究表明发展中国家的农业生产力跟发达国家的差距主要来自于交通基础设施条件。Mamatzakis(2003)研究发现交通基础设施能够替代劳动力,进而能够降低农业的生产成本,从而有助于农业生产效率的提升。

李宗璋和李定安(2012)基于两次农业普查数据,研究了公路和铁路等交通基础设施的改善对提高农业生产效率的作用。吴清华等(2014)讨论了交通基础设施对农业生产率的影响。李谷成等(2015)研究发现公路等交通基础设施能够显著促进农业全要素生产率的提高。邓晓兰和鄢伟波(2018)讨论了我国4类农村基础设施(农村灌溉、道路、电力和医疗)对农业全要素生产率的影响,研究表明农村基础设施对农业全要素生产率具有显著的溢出效应。李涵等(2020)研究表明高速公路的开通有利于提高农业劳动生产率。王亚飞等（2020）以中国长三角地区城市层面的数据讨论了高铁对农业全要素生产率的影响，研究表明高铁开通对沿线城市农业全要素生产率增长具有显著的促进作用。

2.2.5 交通基础设施建设对农业产出的影响研究

乡村要振兴，基础设施建设是关键①。基础设施的建设，特别是高铁的开通，极大地促进了城镇化的进程，同时推进了农业现代化的进程。高铁开通不仅打通了连接城市和乡村、繁华地区与偏远地区的经济通道，同时拓展了资本服务的广度和深度，有助于提升农业生产的质量，提高农民的收益，为乡村振兴做出积极贡献（王亚飞 等，2020）。

Antle（1983）利用做 66 个国家的数据，发现交通基础设施的发展对农业产出具有积极的影响。Fan 和 Zhang（2004）则认为交通基础设施的建设并不能影响农业产出。Song et al.（2006）认为公路建设加速了城市的发展，并且使土地的利用发生改变，如交通基础设施沿线的耕地会被占用，因此交通基础设施的建设不利于农业的产出。Teruel 和 Mussolini（2010）利用菲律宾的数据，检验了农村交通基础设施对农业产出的影响，认为农村交通基础设施能够替代劳动和中间投入品，从而降低农业生产成本，有助于提高农业的产出。Chaudhry et al.（2013）基于欧洲的交通数据，发现欧洲的交通基础设施能够促进农业增产。Donaldson 和 Hornbeck（2016）利用历史的铁路数据，讨论了以铁路为代表的交通基础设施对农业发展的影响，发现交通基础设施的改善能够显著地提高农业产出。Shamdasani（2021）利用印度的数据发现农村道路设施能够增加了农业产出。

董晓霞等（2006）认为交通基础设施的改善能够减少流动和交易的成本，从而有助于农业的生产。张贵友等（2009）基于省级层面的面板数据讨论了交通基础设施对农业生产的作用，并发现农产品交易场所基础设施和公路基础设施会影响农业生产。李燕等（2017）研究发现公路基础设施能够显著促进农业产出的增长。曹小曙等（2018）研究发现公路和铁路等交通基础设施对农业的产出具有空间溢出效应，铁路的溢出效应大于公路。双琰和王钊（2018）认为公路交通基础设施的改善能够促进农业生产的集中化，同时发现公路对种植面积、农机农具和化肥施用量有显著的正向影响。蔡保忠和

---

① 光明网-理论频道. 乡村公共基础设施建设是乡村振兴的关键［EB/OL］.（2021-03-02）［2022-03-01］.https://theory.gmw.cn/2021-03/02/content_34655125. htm.

曾福生（2019）发现农村交通等农业基础设施对三大主粮作物产出的影响具有异质性，有利于水稻和小麦的生产，却并没有显著影响玉米的产出。刘芳等（2020）以水稻为例，讨论了交通基础设施对我国水稻生产的影响，研究发现公路里程数增加能够显著提高水稻的产量。

2.2.6 文献评述

关于交通基础设施建设与农业生产之间关系的讨论，我们可以追溯到约翰·冯·杜能（1826）[①] 发表的著作——《孤立国同农业和国民经济的关系》，作者在其研究中讨论了交通运输费用对农业生产布局的作用。作者在文中指出，农业土地利用类型的区位选择存在特定的规律，农业生产的集约化程度依赖于土地的自然特征，除土地特征之外，两地之间的交通距离也扮演着重要的角色，尤其是农产品的生产地与消费地之间的地理距离往往决定了农业生产的集约化程度。所以，产地与市场的地理距离会影响通勤成本，进而决定农户种植什么作物甚至是否种植农作物，同时还会影响土地的地租。总而言之，交通运输成本能够影响农业生产或产品的空间分布。约翰·冯·杜能（1826）提出的区位选择理论第一次将空间摩擦的想法融入到人类经济活动中，随后他进行了理论化与系统化的提炼。虽然作者主要关注的是交通运输成本与农业生产与农产品空间分布的关系，但是作者阐述的研究本质却是交通基础设施的改善与农业生产与发展之间的内在逻辑（耿元，2019）。约翰·冯·杜能（1826）的研究不仅揭示了农业生产的规律，同时对交通基础设施建设的研究具有理论指导意义。

最近的文献主要集中在分析公路或铁路交通基础建设对农业部门或要素流动性有限的农业社会的影响。第一，早期讨论交通基础设施与农业发展关系的文献，大多数采用的是定性的研究，而不是定量研究（李远铸，1985；刘玉满，2002）。上述定性的研究，要么简单地阐述交通基础设施对农业发展的作用，要么进行简单的描述性统计，很难分辨出农业发展水平的变化是否来源于交通基础设施水平的差异。因此，我们需要采用计量经济学的实证估计方法来检验交通基础设施对农业发展的作用，从而弥补当前文献中所存在的不足。

第二，从农业生产的角度来讨论交通基础设施对农业发展的研究并不

[①] 约翰·冯·杜能. 孤立国同农业国和国民经济的关系 [M]. 北京：商务出版社，1986.

多见。Teruel 和 Kuroda（2005）讨论了菲律宾公共基础设施投资对农业生产的影响，发现公共基础设施投资能够提高农业生产效率，主要源于生产成本的下降。董晓霞等（2006）基于北京市的数据讨论了交通基础设施与种植业结构调整的关系。樊胜根等（2006）讨论了中国的道路投资对农业增加值的影响，他将公路划分了高低两个等级，发现高等级公路投资的影响并不显著，而农业增加值会受到低等级公路投资的显著影响，具体地，增加 1 元的低等级公路投资会提高农业增加值约 1.57 元。Donaldson（2018）发现由于铁路的接入，农业实际收入水平有所增加（铁路增加了16%的农业收入）。Donaldson 和 Hornbeck（2013）估计了铁路导致的市场准入变化对美国部分县农业土地价值变化的影响。Aggarwal（2018）以印度农村公路建设计划（PMGSY）为背景研究农村地区道路修建的经济影响，发现农村道路建设的投资可以促进市场一体化与农业技术进步，扩大生产性就业，提高地区人力资本水平，在农村地区形成可持续的减贫路径。Asher 和 Novosad（2020）发现印度农村公路建设计划（PMGSY）项目提高了交通可达性，造成从事农业活动的劳动力减少，但并未提高农业生产和促进消费。Shamdasani（2021）研究发现，乡村道路的改善能够增加农业生产。以上研究均从不同角度讨论了交通基础设施对农业发展的影响，但几乎没有文献从农业生产角度出发系统性地讨论交通基础设施对农业发展的影响。

第三，关于交通基础设施对农业生产投入的影响研究并未全面考虑整个农业生产投入产出的系统性影响。张贵友等（2009）基于省级层面的面板数据讨论了各种农产品流通基础设施对农业生产的作用，并发现农产品交易场所和公路基础设施会影响农业生产。邓蒙芝等（2011）利用农户层面的微观调查数据，讨论了交通基础设施建设对农村劳动力流失的作用，其研究表明交通基础设施的建设能够显著促进农村劳动力的非农就业。Asher 和 Novosad（2020）基于印度的 PMGSY 项目发现本地的农业从业者显著减少，修路导致农村劳动力非农转移，农村的比较优势可能因此丧失。Shamdasani（2021）研究发现，乡村道路的改善促使家庭增加了生产资料的投入，其主要通过额外雇佣劳动力和增加使用家庭劳动力等两种方式增加劳动力投入。交通基础设施可能会对不同农业投入要素具有异质性作用，因此沿线区县的农业生产方式也会受到其溢出效应的影响，但是鲜有文献研究交通基础设施对农业生产方式的系统性作用。

第四，部分文献讨论了交通基础设施对农业投入与产出的影响，但是研究相关的影响渠道的文献却寥寥可数。一个主要的原因是，全球最近才陆续出现更为庞大的交通基础设施和农业微观数据集，此前的研究大多利用国家层面、地区层面以及省级层面的数据开展研究，市级层面的数据都很少见，因此缺失讨论交通基础设施建设对农业生产投入产出影响的微观数据基础。

第五，鲜有文献将交通基础设施对农业发展的研究聚焦到高铁的影响上，特别是关注高铁的建设对农业生产及发展相关方面的影响的文献更为罕见。在所有的道路通勤技术中，高铁是独特的，因为它主要承载的是人而不是货物，运行速度比高速公路和传统铁路快得多。中国的高铁已经是一个成熟的交通运输系统（Chang & Zheng, 2022）。因此，高铁研究成为近20年来的热点话题。然而，本书关注的是高铁在农业生产中的扮演的作用，此前鲜有研究对此话题进行全面的讨论。

第六，国内外的学者对高铁开展了大量的研究，但关注其对农业生产的影响的文献却寥寥可数。其中，一支文献主要聚焦于高铁开通引发的区域或城市经济增长效应。大部分学者关注到高铁开通对区域经济增长（王垚和年猛，2014；董艳梅和朱英明，2016；张俊，2017；刘勇政和李岩，2017）、风险投资（龙玉 等，2017）、经济扩散（Baum-Snow et al., 2017）、产业发展（邓慧慧 等，2020）的作用。黄凯南和孙广召（2019）基于我国制造业上市公司的数据，发现高铁开通能够显著促进东、中部地区的制造业全要素生产率。有研究表明高铁开通对会显著影响服务业的发展（宣烨 等，2019；邓涛涛 等，2017）。另一些文献则主要讨论了高铁开通引发了要素流动，主要包括集聚效应和扩散效应。一方面，高铁的兴建能够降低区域间经济关联的时空成本，能够进一步强化中心城区对周边地区的经济扩散和带动效应，从而推进区域间的经济一体化（Baum-Snow et al., 2017；王亚飞 等，2021）。另一方面，高铁对交通基础设施的改善会引发"经济分布效应"（Cantos et al., 2005），要素资源更倾向于流向中心城区，中心城区的经济发展与功能升级能够得到进一步强化，但高铁产生的"虹吸效应"导致周边地区的经济发展受到制约（张克中和陶东杰，2016），使得地区间、城乡间的经济差距进一步扩大（卞元超 等，2018）。此外，还有文献估计了高铁的其他社会经济影响，包括可达性、住房市场变化和环境可持续性（Chang & Diao, 2021；Chang et al., 2021；Zheng et al.，2019）。

  我们系统梳理关于高铁的研究后发现高铁在制造业和服务业的增长中发挥了不同的作用。总之，现有研究已经检验了高铁对中国企业/产业集聚和增长的影响，且研究基本上都集中在制造业和服务业。关于高铁开通对农业生产的作用，仅有王亚飞等（2021）和张军等（2021）开展了类似的研究。为了探究高铁开通对农业生产的因果效应，本研究侧重于从农业投入产出生产函数的视角来系统地讨论高铁开通对农业生产的影响，以上评述是本研究相较于王亚飞等（2021）和张军等（2021）主要优势。

3 发展现状与理论框架

3.1 我国交通基础设施及农业发展的现状

3.1.1 我国交通基础设施发展的历史脉络

3.1.1.1 我国交通基础设施的基本情况

1978 年至今，中国的交通基础设施发展如火如荼。改革开放以来，我国的道路交通发展迅速，到 2020 年我国公路里程数为 519.81 万公里，约是改革开放初期公路里程的 6 倍。此外，高速公路同样飞速发展，到 2020年时我国已有 16.10 万公里，覆盖全国大多数地区。同时，到 2020 年，我国铁路营业总里程增加到了 14.63 万公里，铁路营业里程数位居世界第二；2008 年第一条高铁开通以来，到 2020 年营业总里程已达 3.8 万公里，位居世界第一，占世界高铁总里程的 60%以上。《新时代交通强国铁路先行规划纲要》指出，2035 年前我国 50 万以上人口城市将被高铁网络全面覆盖。并且，我国民航的发展速度也十分迅速，从 1978 年到 2020 年这 40 余年间增长超过了 40 倍。投资拉动经济增长是我国过去一段时间的主要经济增长方式，交通基础设施的大规模投资在我国经济发展的过程中扮演着重要的角色，某种程度上为我国的"中国经济增长奇迹"提供了解释。

我国在大规模发展交通基础设施的同时，不同地区之间由于经济发展、政治地位、历史地位等条件的差异，交通基础设施水平并不平衡，甚至很多地区间的交通基础设施水平呈现出巨大的差距。参考 Demurger（2011）的办法，本书用各省的民航、铁路和公路的运营里程数（客运量）加总得到总的交通基础设施运营里程数（客运量），用此数字作为分子除以各省份的土地面积得到各省份的交通基础设施密度。

党的十八大召开以后，我国交通运输行业贯彻落实新发展理念，努力完善相关基础设施，实现了交通运输发展的重大飞跃，为中国从交通大国迈向交通强国、实现中华民族伟大复兴的中国梦奠定了坚实基础。

2020 年我国公路、水路和铁路的基础设施投资约 3.5 万亿元。基础设施投资对于"稳增长"十分重要，既是供给侧结构性改革的内容之一，又有助于促进民生改善。

本研究拟进一步利用交通运输部和国家统计局提供的交通基础设施的历史发展数据，对交通基础设施各类交通运输工具进行统计分析。

根据交通运输部做统计汇报的流程，本研究首先讨论的是铁路的运营情况。如图 3.1 所示，我们可以发现全国铁路的营业里程呈现一个持续上升的趋势，至 2020 年我国的铁路营业里程数已经达到了近 15 万公里的水平，并且已经连续八年超过 10 万公里。同时，到 2020 年，我国的铁路网密度超过了 150 公里/平方公里，并且铁路的电气化率已经超过了 70%。以上数据表明，我国的铁路发展迅速，交通基础设施的利好信息延续到了各个角落，极大地改善了人民出行的条件，有助于满足人民的出行需求。

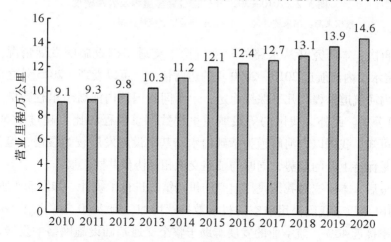

图 3.1   2010—2020 年全国铁路营业里程图
数据来源：国家统计局、交通运输行业发展统计公报。

其次，本研究对公路的发展现状进行讨论。从图 3.2 我们可以发现我国公路的发展也呈现一个平稳的上升趋势，从 2010 年到 2020 年，公路的里程数增加了约 120 万公里，近十年公路里程的增加数相当于绕中国陆地边界约 50 圈。同时，公路密度近十年增长了约 30%，公路养护里程数在

2020 年超过了 99%。并且，到 2020 年，我国高速公路里程数超过了 16 万公里，其中国家高速公路超过 11 万公里。此外，从等级公路的划分来看，我国的四级公路占公路交通基础设施的主要部分，2020 年我国四级公路占比超过了 70%。

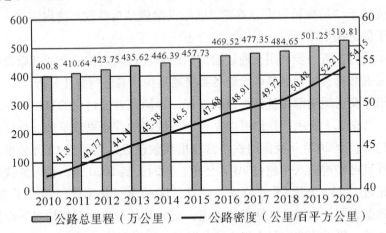

图 3.2　2010—2020 年全国公路总里程及公路密度

数据来源：国家统计局、交通运输行业发展统计公报。

再次，本研究又从水路的角度讨论了交通基础设施的发展情况。图 3.3 展示了内河航道 2010—2020 年的运营情况。可以发现，2015 年之后我国的内河航道里程数几乎保持稳定，十年间我国的内河航道里程数增加了 3 500 公里。此外，我国的等级航道里程数占总里程的比重超过了 50%。由此可知，我国以内河航道为基础的水路基础设施发展较为缓慢，但整体上还是保持上升的趋势，同时与陆路交通相互协作共同发展。

最后，本研究对我国民用航空的机场情况进行了统计。如图 3.4 所示，自 2010 年以来我国民用航空的机场数持续增加，到 2020 年增长了 66 个，增长率接近 40%。航空业的发展有助于整个交通基础设施网络的发展，航空业不仅能满足人们部分高端、快速的出行需求，同时也与其他交通形成联动。

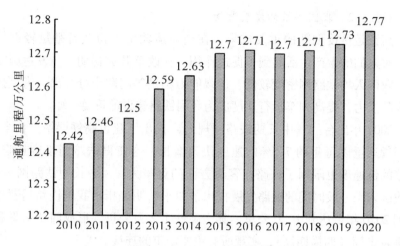

图 3.3　2010—2020 年全国内河航道通航里程

数据来源：国家统计局、交通运输行业发展统计公报。

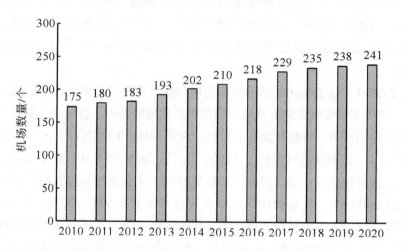

图 3.4　2010—2020 年颁证民用航空机场个数

数据来源：国家统计局、交通运输行业发展统计公报。

　　通过对各类交通基础设施发展状况的梳理，我们可以清楚地了解交通基础设施对于国家发展的重要性。交通基础设施在发挥通村达组、链接城乡作用的同时，为区域内部的城市发展提供了动力。此外，由于跨区域的流动必须依靠交通基础设施，因此更加完善的交通基础设施不仅能够降低出行成本、增加出行需求，还为推动乡村全面振兴提供了强有力的支撑，同时满足了交通强国建设和农业农村现代化发展的需要。

3.1.2.2 我国高铁的发展背景

高铁是科技创新的重要成果，在交通运输史上扮演着举足轻重的角色，对人们的生产生活起到了促进作用。在改革开放初期，与发达国家相比，我国人均铁路网密度较低、运载能力不足等问题十分突出，为直接增加运载能力，提高列车运行速度成为我国铁路建设的重要一环。

2004 年出台的《中长期铁路网规划》提出了建设高铁网络。在当时，我国货运量以每年约 7.5% 的速度快速增长，这使得铁路网络容量吃紧，铁路的低速度也限制了铁路在客运方面的竞争力。《中长期铁路网规划》对我国未来一段时间的铁路发展提出了要求，明确指出我国铁路运营里程数到 2020 年要达到 10 万公里，其中高铁 1.2 万公里，形成四条水平和四条垂直走廊（四横四纵），实现所有主要城市的连接。

此外，《中长期铁路网规划》还包括三个区域城际网络（称为客运专线），用于覆盖以下地区的主要城镇：①环渤海（天津、北京、河北）；②长三角地区（上海、江浙地区 16 个城市）；③珠江三角洲（广东省中部和南部）。这些线路将以类似地铁的频率为这些地区的中短程乘客提供服务。

2008 年，随着国民经济的快速发展和铁路重要性的不断提升，为加快实现 2004 年的规划并降低全球金融危机对我国的冲击，各地政府加大了对相关方面的投资，持续刺激经济发展。在此期间，国家发展和改革委员会批准了《中长期铁路网规划化（2008 整）》。2008 年 8 月，京津城际高铁开通，这是我国自主建设的第一条最高时速 350 公里的高速铁路，平均站间时速 240 公里，在运营的第一年就运送乘客超 1 600 万人次。2009 年，广州至武汉经长沙的首条大型远距离高铁线路开通。2011 年 6 月京沪高铁开通，全线共 1 318 公里，打通了长三角与京津冀两大重要经济集群之间的联系。2012 年 12 月京广高铁全线贯通，线路全长 2 298 公里，该线路是中国运输最繁忙、客运量最大、里程最长的高铁。

《中长期铁路网规划》于 2016 年进一步修订，将网络结构由原来的四纵四横廊道扩展为八纵八横廊道，并补充了更多的区域连接和城际铁路。此规划表明我国铁路里程数将于 2020 年达到 15 万公里，高铁的里程数要占 1/5，同时整个铁路网络要连接我国 80% 以上的大中型城市。要求到 2025 年时，高铁网络要连接几乎所有大中型城市，并且保障大中城市之间的交通时间为 1~4 小时，区域中心周围的交通时间为 0.5~1 小时。

自第一条高铁诞生以来，高铁网络不断扩延，我国"四纵四横"的铁路规划网络几乎完全连通。表3.1展示了我国高铁的发展概况，从中可见到2020年我国高铁的里程数达到了37 929公里，与2008年相比增长超过了50倍。同时，2008—2020年，高铁客运量占铁路总客运量的比重增加了140倍以上，到2020年已经达到了70.7%。由于新型冠状病毒感染疫情的原因，2020年客运量比2019年下降了约34%，但从整体上而言，高铁旅客周转量占铁路旅客周转量的比重呈现出快速增长的趋势。高铁的飞速发展不仅改变了我国的经济发展格局，同时也改变了我国的交通运输格局，并且加快了劳动力流动，促进了劳动力跨区就业。

表3.1 我国高铁发展概况

年份	营业里程		客运量		旅客周转量	
	公里	占铁路运营里程比重/%	万人	占铁路总客运量比重/%	亿人公里	占铁路旅客周转量比重/%
2008	672	0.8	734	0.5	15.6	0.2
2009	2 699	3.2	4 651	3.1	162.2	2.1
2010	5 133	5.6	13 323	8	463.2	5.3
2011	6 601	7.1	28 552	15.8	1 058.4	11.0
2012	9 356	9.6	38 815	20.5	1 446.1	14.7
2013	11 028	10.7	52 962	25.1	2 141.1	20.2
2014	16 456	14.7	70 378	30.5	2 825.0	25.1
2015	19 838	16.4	96 139	37.9	3 863.4	32.3
2016	22 980	18.5	122 128	43.4	4 641.0	36.9
2017	25 164	19.8	175 216	56.8	5 875.6	43.7
2018	29 904	22.7	205 430	60.9	6 871.9	48.6
2019	35 388	25.3	235 833	64.4	7 746.7	52.7
2020	37 929	25.9	155 707	70.7	4 844.9	58.6

资料来源：中国统计年鉴。

高铁出行时间短、舒适、方便、安全、准时，是不同收入水平旅客的首选。它促进了劳动力流动、家庭探访、旅游和社交网络的扩展。通过高铁，我国扩大了城际选择的范围，实现了更好的供需匹配。这为对价格更敏感的低收入群体释放了相当大的传统列车运力，而过去传统列车的车票很难买到。在过去的十余年间，中国在规划、建设和运营高铁方面积累了相当多的经验。

在高铁网络增长的同时，《中长期铁路网规划》的基本理念也发生了变化。最初的目标是在为超负荷的运输网络提供额外运力的同时，使客运服务得到极大改善，进而提供高效的中距离运输；现在的重点更多地放在改善区域和各省间的互联互通，以支持经济发展和城镇化。与此同时，规划的基本要素保持不变，保证了交通基础设施建设的连续性和一致性，促进了高铁迅速有序的发展。

3.1.2 我国农业发展的历史、经验与成就

中华人民共和国成立以来，我国农业农村发展在六个方面完成了历史性的重大跨越：一是在农产品供应方面，我国完成了主要农产品供给由过去长期短缺到如今产量稳定、丰年盈余的重大跨越；依靠我国人民自己的力量，成功实现了用不足世界耕地总面积9%的农田解决了占世界人口总数21%以上的人口的吃饭问题。二是在农业生产的发展方式方面，我国完成了由过去粗放型生产到如今较高水平集约化生产的重大跨越。三是在农村经济结构方面，我国完成了由过去以第一产业为主到如今三产业均衡协调发展的重大跨越。四是在农民收入方面，我国完成了农民生活由过去难以果腹到如今总体小康的重大跨越。五是在农村经济体制方面，我国完成了由过去小农经济到如今社会主义市场经济的重大跨越。六是城乡关系方面，我国完成了由过去的二元结构到如今基本实况城乡一体化的重大跨越。与此同时，随着改革开放的不断深化，我国逐步形成全方位、多层次、宽领域的农业对外开放格局。

我国农业发展在过去70余年的时间里取得了突出的成就。其中，粮食总产量呈现出持续的上升趋势，自2004年到2020年我国粮食生产实现了历史上罕见的"十七连丰"，同时连续6年保持在65 000万吨以上，2020年粮食总产量已经高达66 949.20万吨，是1978年粮食总产量的2.20倍，是1949年粮食总产量的5.91倍，自1949年以来年均增长约2.53%（见图3.5）。此外，其他经济作物也得到了快速的增长，棉花产量在2020年达到了591.05万吨，自中华人民共和国成立以来年均增长率约为3.71%；油料产量在2020年达到了3 586.40万吨，自中华人民共和国成立以来增长

率约 12.99%；糖料产量自中华人民共和国成立以来增长速度较快，年均增长约 5.42%；此外，中华人民共和国成立以来，水果以高达 8.02% 的增长速度快速增长；同样地，其他农作物及农产品也得到了飞速的发展。除了农业以外，畜牧业及渔业也有不错的发展势头，以牛奶产量和水产品产量为例，中华人民共和国成立以来，其分别以 7.52% 和 7.27% 的增长速度迅速增长，从侧面反映了人民的物质生活水平得到了极大的提高。总的来说，中华人民共和国成立以来，我国生产种植业、畜牧业及渔业得到了长足的进步，生产能力得到了极大的提高，增强了国家粮食安全的保障。

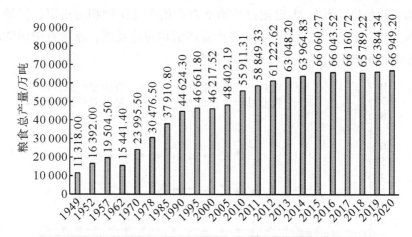

图 3.5　1949—2020 年我国部分年份的粮食总产量
数据来源：Wind 数据库。

想要全面了解我国的农业发展历程，还应该充分把握农业（农林牧渔业）总产值①的增长趋势。由于数据完整性的原因，本研究无法获得 1952 年以前的整个农林牧渔业的总产值数据。因此，本研究拟从 1952 年开始讨论农林牧渔业总产值的历史发展趋势。2020 年，农业（种植业）、林业、畜牧业及渔业产值（当年价）分别为 71 748.20 亿元、5 961.60 亿元、40 266.70 亿元、12 775.90 亿元，自 1952 年以来分别以 7.95%、10.37%、10.29%、11.92% 的增长速度快速发展，同时农业（农林牧渔业）总产值

---

① 从 2003 年起，包括农林牧渔服务业产值。同时，由于 1949 年没有对应的农业总产值、林业总产值、牧业总产值和渔业总产值数据，1952 年才有分产业的数据，故本书谈论农林牧渔业总产值的时候也是从 1952 年开始。再次强调，如未具体说明，农林牧渔业表示农业（第一产业），农林牧渔业总产值泛指农业（第一产业）总产值。

也以 8.74% 的速度增长。进一步,本研究讨论了农林牧渔业各产业产值的动态变化情况,如图 3.6 所示。从中我们可以发现农林牧渔业各产业结构在不断变化,农业(种植业)总产值呈现出持续下降的趋势,由 1952 年的 85.89% 大幅下降到 2020 年的 52.07%;但林业、畜牧业和渔业的占比情况均有所增加。林业总产值占比增长较为缓慢,从 1952 年以后林业总产值占比在整体上增长了约 2.75%,改革开放以后占比相对稳定;畜牧业总产值占比虽整体上增长了 18.00%,但也呈现出了先上升再下降的倒"U"形趋势,2005 年以后有一个微弱的下降趋势;渔业总产值占比呈现出了持续增长的趋势,但在 21 世纪以后渔业总产值占比保持相对稳定,保持在 10% 左右。综上,农业总产值及各产业产值均快速发展,意味着中国的农业发展在世界上扮演着无可替代的角色。

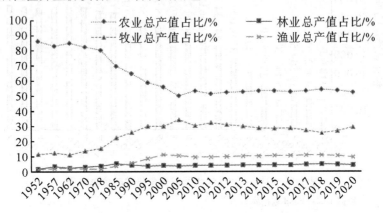

图 3.6　1952—2020 年中国农林牧渔业总产值结构变化趋势
数据来源:Wind 数据库。

本书已经从总体上讨论了农业发展在过去 70 余年的时间里取得了突出的成就,接下来将进一步从不同产业及投入产出相关要素来反映我国农业发展的历史、经验与成就。

首先,本书简单概述了不同农业产业发展的历史、经验与成就。

(1)种植业

中华人民共和国成立至改革开放期间,我国种植生产力落后、农田产量较低,这使得生活物资匮乏,粮食短缺的问题尤为严重。1949 年,我国粮食总产量仅 2 000 多亿斤(1 斤 = 0.5 千克),1978 年有 6 000 多亿斤。中华人民共和国成立初期,我国每单位耕地产出谷物的效率低下,得益于粮食产量的大幅增加以及谷物质量的不断提高，我国人民在70余年间得以经历从能吃到、能吃好，再到吃得健康又营养的巨大转变。粮食安全是国家的基石，我国人民在过去70多年里不断砥砺奋斗，努力克服困难，端好了自己的饭碗。面对新时代与新的历史起点，我国种植业不仅要为人民提供优质粮食，还要让人民吃得更有营养、更加健康，以更好地保障国家粮食安全。

（2）林业

林业通过退耕还林和植树造林等方法发挥着保护森林生态系统、湿地生态系统和改善荒漠生态系统等功能，在建设绿色生态系统与保护物种多样性等方面起到了重要作用。从中华人民共和国成立初期至2009年，我国森林总面积从原来的8 280万公顷增加到17 491万公顷，森林蓄积由原来的90.28亿立方米增加到124.56亿立方米，森林覆盖率由原来的8.6%提高到18.21%。我国人工林面积总面积达到5 300多万公顷，年均增加148.9万公顷，该项的年均增幅和保存总面积分别占世界的53.2%和40%，位列世界第一。第九次森林资源清查结果显示，我国林业在70余年内取得了十分突出的成就：森林覆盖面积与单位蓄积量不断增长，截至2020年，我国森林总面积达2.2亿公顷，覆盖率达到23.04%，我国森林总面积与单位蓄积量较70年前增长了近1倍。

中华人民共和国以来，我国林业建设在多个方面起到了重要作用：党的十八大召开以后，通过不断推进土地绿化和防治风沙工程建设，我国在荒漠化治理方面逐步完成了从"沙进人退"到"沙退人进"进而"人沙和谐"的历史性转变；我国作为湿地保护与利用的典范，通过自身经验在履行湿地国际公约方面做出了很大贡献，为亚洲区域内的其他国家提供了湿地保护相关技术和其他方面的支持；在保护物种多样性方面，我国初步形成了布局合理、种类齐全的自然保护区网络，成为全世界自然保护区面积最大的国家之一，尤其是在党的十八届三中全会之后，我国国家公园体制的建立为维护生态系统平衡和保护珍稀濒危野生动植物提供了更为有效的平台，使保护物种多样性的工作进入了全新阶段。综上所述，我国林业工作基本走上了适合新时代中国国情的发展道路。

（3）畜牧业

中华人民共和国成立以来，我国畜牧业的生产与发展先后经历了恢复与起步期、曲折慢速发展期、初步改革期、全面快速发展期、结构优化期、发展方式转换期等阶段。总的来讲，畜牧业逐渐从原来的家庭副业发展为现在农业农村的支柱型产业，畜产品供给也由原来的物资匮乏阶段发展到现在的供应充足阶段。这些改变推动了我国国民饮食结构和营养水平的改善、农民收入的增加，在提高农村劳动力就业水平和保障国家食品安全等方面做出了巨大贡献。

（4）渔业

中华人民共和国成立之后，尤其是改革开放以来，我国渔业取得了突出成就和巨大发展：水产综合能力大幅上升、国际地位明显提高、渔民生活质量不断改善，在顺利实现水产有效供给的同时，我国一步步成长为世界前列的渔业生产大国、水产出口大国和主要远洋渔业国家，创造了渔业发展的奇迹。2020 年我国水产品产量 6 549.02 万吨，是 1949 年的 145.53 倍，年均增长率为 7.27%。2020 年渔业产值为 12 775.9 亿元，在大农业中的份额由中华人民共和国成立初期的 1.31%（1952 年）提高至 10%左右，是大农业中发展最快的产业之一。2020 年水产品出口量 381.18 万吨，出口额 190.4 亿美元，占农产品出口总额（760.3 亿美元）的 25.04%，我国连续 21 年位居大宗农产品出口首位。

（5）农业劳动力

农业劳动力是农业生产投入要素当中最重要的一环。在 20 世纪初期，我国大量的农业劳动力往东部沿海城市跨区域流动，原因在于当时我国东部沿海城市的民族工业迅速崛起，当时农业劳动力的"乡—城"流动及外出打工是工业化、城镇化开始后的正常现象（厉以宁，2018）。自中华人民共和国成立以来，中央政府为了保证经济的发展，出台了《中华人民共和国土地改革法》。随着土地制度改革的陆续推进，土地被分配到农民手里，同时城市的工商业跟着调整，农村和城市之间保持着互相协调的发展，劳动力的流动现象并不明显。直到改革开放，中国的城镇化率不到 18%，并且当时全国的城镇数量仅为 2 850 个①，同期中国的城镇化率和城镇数量均远小于全球的平均值。20 世纪 80 年代中后期，我国江苏、浙江、广东、福建等地区的乡镇企业和民营企业迅速发展，大量农业劳动力向东部地区流动，越来越多的中、西部地区的农民外出务工（夏金梅和孔祥利，2021）。中国共产党第十四次全国代表大会的召开后，我国东部沿海地区

---

① 中国社会科学院人口所. 中国人口年鉴（1987）[Z]. 北京：经济管理出版社，1988.

经济迅速发展，农业劳动力为了获取更多收入，开始进行非农转移、跨地区流动。2000年以后，中央政府逐渐关注农民工进城后的生活保障、福利及权益，同时由于农业劳动力在城市的收入远高于农业收入，并且交通基础设施改善促使的交通使流动成本变低，因此大规模的农业劳动力选择进城就业，城镇化率也在持续上升，据统计到2012年我国的城镇化率增至52.57%。党的十八大以来，农业劳动力的流动呈现缓慢持续增加的趋势，到2019年我国的城镇化率已经突破60%。

（6）耕地

中华人民共和国成立以来，我国人民在耕地上投入了巨大精力，不仅在北大荒的沙洲荒漠上开荒造田、在黄淮海平原盐碱地上改土换貌，还进行了如中劣田改造、退耕还林还草、土地轮耕休耕等工作，为解决我国粮食安全问题作出了巨大贡献。此外，为了给后辈留下更多土壤肥力良好的耕地，我国正全面展开一场让耕地更健康、更绿色的农业可持续发展行动。

（7）农业机械总动力

中华人民共和国成立以来，我国人民在党和政府的领导下大力推进农业机械化过程，建设与农田水利的相关基础设施，在使我国农业机械化水平不断提升的同时，实现了农业生产硬件条件质的飞跃，对现代农业发展的起到了强有力的支撑作用。我国农业机械总动力在70多年间快速增长，从1949年仅为8.10万千瓦，达到2020年的105 622.10万千瓦，大约以15%的速度增长。尤其是1978年以后，单位劳动力的农机动力与单位耕地的农机动力均有大规模的提高，年均增长率超过了5%[①]。

（8）化学农资

研究表明农民的生产方式经历了由原来依靠劳动力等传统生产要素到现在依赖化学肥料等化学农资的巨大转变，但近年来化学农资的使用对农产品产出增长的边际效益已经开始逐渐降低。随着农业发展绿色化的不断推进，化学肥料的使用量逐步稳定，甚至呈现出下降的趋势。1949年至2015年我国化肥施用不断上升，2015年全国农用化肥施用量为6 022.6万吨，此后化肥施用量开始逐年减少，到2020年化肥施用量大约降低了

---

① 统计局网站. 沧桑巨变七十载 民族复兴铸辉煌——新中国成立70周年经济社会发展成就系列报告之一 [EB/OL]. (2019 - 07 - 01) [2022 - 03 - 01]. http://www.gov.cn/xinwen/2019 - 07/01/content_5404949. htm.

771.9万吨，自中华人民共和国成立以来全国化肥施用量整体上呈现出倒"U"形的趋势。除化肥施用量下降外，我国其他有利于生态环保的数据在持续上升，以2018年为例，我国回收了约60%的农用地膜，同时秸秆的综合利用率也超过了80%，并且畜禽粪污综合利用率高达70%，以上数字都从侧面上反映了我国化学农资的使用减少及生态环境治理取得的效果。2019年，我国水稻、玉米、小麦三大粮食作物化肥利用率达到39.2%，比2017年提高1.4个百分点；农药利用率达到39.8%，比2017年提高1个百分点[①]。

随着时代的进步，人民生活水平的提高，人们在吃得饱的基础上，还要争取吃得好，这不仅需要我们更为严格地保护农业农村生态环境，还需要我们更加注重农业发展的质量。当下的农业发展，不仅要依赖于农药、化肥等化学农资，同时还要注重其他农业投入要素的作用，并且要考虑其对环境与资源等外部要素的影响（李国祥，2017）。此外，2017年的中央一号文件明确指出了"要推动中国农业农村发展由过度依赖资源消耗、主要满足量的需求，向追求绿色生态可持续、更加注重满足质的需求转变"[②]。

（9）农业技术

农业技术是我国农业高质量发展的关键，也是农业生产的首要动力，能够保障国家的经济发展。中央一号文件屡次将农业生产、发展及现代化的重点放在了农业技术的进步上，因此农业技术创新显得尤为重要，农业科技的创新将有助于我国实现农业强国梦。

中华人民共和国成立以来，农业技术的发展受到持续关注，农业技术也得到了大幅度的提高，同时农业科技成果的应用和转化项目也频频落地。来自科技部的相关数据表明，我国的农业科技不断进步，从2015年48%的农业科技进步率，增加至2018年的58.3%，大大促进了我国的农业生产技术。此外，受过农业专业技术培训的农业生产经营人员的数量不仅反映了我国政府对农业技术的大力支持，同时也反映了农户们提供农业生

---

① 统计局网站. 农业生产跃上新台阶 现代农业擘画新蓝图——新中国成立70周年经济社会发展成就系列报告之十二[EB/OL].（2019-08-05）[2022-03-01].http://www.gov.cn/xinwen/2019-08/05/content_5418684.htm.

② 新华社. 深入推进农业供给侧结构性改革——一论学习贯彻2017年中央一号文件精神[EB/OL].（2017-02-05）[2022-03-01].http://www.gov.cn/xinwen/2017-02/05/content_5165632.htm.

产技术的决心，第三次全国农业普查对该数据进行了调研，发现此数量高达 3 467 万人①。

从龚斌磊（2022）②的研究可以发现，我国的农业生产效率从 1985 年到 2015 年以 3.9% 的速度增长。但是，在不同阶段与不同地区，农业生产效率存在明显的差异。山西、贵州和甘肃是 1985 年农业生产效率最低的省份，而 2015 年生产效率最低的三个省份分别是青海、宁夏、甘肃，可以看出甘肃的农业生产效率一直处在一个比较低的水平，农业技术在这 30 年间几乎没有太大的进步。此外，1985 年农业生产效率靠前的省份分别是江苏、山东和天津，但到了 2015 年，天津、山东和广东成了农业生产效率靠前的省份，可以看出农业生产效率较高的省份几乎能够一直保持较高的农业技术水平。

3.2 理论框架

在理论分析、综述分析、发展现状分析的基础上，本研究讨论了交通基础设施建设对农业生产投入产出影响的理论分析框架，指导了后续第 4、5、6 章的实证研究，同时为本研究提供了理论依据。本研究认为，交通基础设施的建设能够影响农业的投入，同时能够影响农业的生产效率，但是对于农业产出的影响可能并不显著。从农业投入产出生产函数的角度来看，第 4 章和第 5 章为第 6 章的理论机制，同时本研究从理论上分别讨论了交通基础设施的建设对农业投入、农业生产效率的理论机制。本研究具体的理论框架如图 3.7 所示。

---

① 统计局网站. 农业生产跃上新台阶 现代农业擘画新蓝图——新中国成立 70 周年经济社会发展成就系列报告之十二 [EB/OL]. (2019-08-05) [2022-03-01]. http://www.gov.cn/xinwen/2019-08/05/content_5418684.htm.

② 龚斌磊. 中国农业技术扩散与生产率区域差距 [J]. 2022, 57 (111: 102-120.)

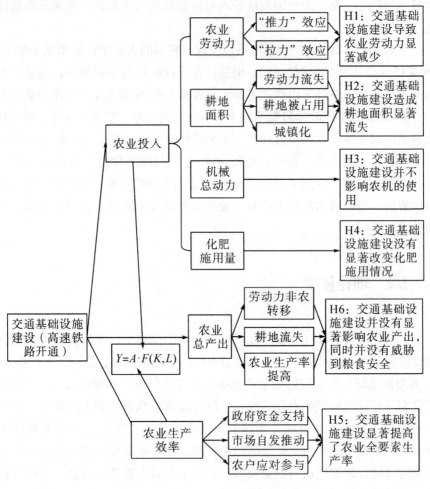

图 3.7　理论框架图

3.2.1　交通基础设施建设对农业投入影响的理论分析

本部分基于农业投入的角度来讨论交通基础设施建设对农业生产的影响，本研究以劳动力、土地、机械和化肥四个要素来检验交通基础设施建设对农业生产的作用。

首先，本研究将劳动力的非农转移大致划分为两大路径：一方面，高铁推动的快速城镇化进程，伴随着交通出行的流动成本降低，对农业劳动力的转移提供了"推力"的效应；另一方面，高铁的开通提高了高铁城市的全要素生产率，伴随着各要素资源的流动加快，高铁城市的非农产业得到快速发展，对劳动力的转移提供了"拉力"的效应（Alvarez-Cuadrado & Poschke，2011）。因此，本研究认为高铁开通对农业劳动力的非农转移主要是由"推力"和"拉力"两种效应直接或间接的影响造成的。因此，本研究提出如下假设：

H1：交通基础设施建设导致农业劳动力显著减少。

其次，本研究认为交通基础设施建设对耕地使用情况的影响可能来自于以下三个潜在的渠道。首先，交通基础设施的建设导致农业劳动力的大规模流失，进一步影响了耕地的耕作人力保障，致使一部分耕地被弃耕抛荒。其次，交通基础设施的地面路基往往需要占用大量的耕地，因此交通基础设施的修建必然会以牺牲耕地为代价。最后，交通基础设施的建设加速了周边地区的城镇化，使得一部分耕地被城镇化的进程所使用。因此，本研究提出如下假设：

H2：交通基础设施建设造成耕地面积的显著流失。

再次，本研究认为机械总动力并不会受到交通基础设施建设的影响，因此本部分并未梳理交通基础设施建设对农机的影响机制。因此，本研究提出如下假设：

H3：交通基础设施建设并不影响农机的使用。

最后，本研究同样认为化肥的施用情况并不会受到交通基础设施建设的影响，因此本部分也并未梳理交通基础设施建设对化肥施用情况的影响机制。本研究提出如下假设：

H4：交通基础设施建设没有显著改变化肥施用情况。

3.2.2 交通基础设施建设对农业生产效率影响的理论分析

农业生产效率的提高必然离不开政府、市场和农户的作用。政府是农业生产最主要的经费、补贴和政策的来源，政府对农业生产效率的提高起主导作用。市场的积极配合起到了连通政府和农户的桥梁作用，市场还能够推动农业生产效率的进一步发展，市场作为先进农业技术的载体是农业生产效率提高的主要动力。此外，对于农业生产效率的提高，所有措施最后都要经过农户转化出来，如果没有农户参与到农业生产效率的提高过程中，再好的政策支持、经费补贴等都无济于事，农户是农业生产效率提高的主要参与者。因此，交通基础设施建设对农业生产效率的影响的机制中，政府引导是核心，市场推动是动力，农户参与是关键。因此，本研究提出如下假设：

H5：交通基础设施建设显著提高了农业全要素生产率。

3.2.3 交通基础设施建设对农业产出影响的理论分析

交通基础设施的改善，不仅深刻改变了人们的出行方式，而且重塑了城市的空间，同时推动了城镇化的发展。一方面，交通基础设施的建设能够降低流动的成本，导致大量的农业劳动力非农转移；另一方面，交通基础设施的建设导致沿线的县级行政单位耕地面积减少。但同时，交通基础设施的建设会提高农业技术的交流与使用，提高农业生产效率，没有显著影响到农业产出，也没有威胁到粮食安全问题。因此，本研究提出如下假设：

H6：交通基础设施建设并没有显著影响农业产出，同时并没有威胁到粮食安全。

4 交通基础设施建设对主要农业生产投入要素的影响

4.1 概述

改革开放以来，非农产业的发展受到越来越多的关注，其占 GDP 的比重也在持续增加，而第一产业的比重正在逐渐减小。截至 2020 年，我国二三产业的就业人数均有所上升，分别增加了 11.4% 和 35.5%，而第一产业的就业人数则减少了 46.9%（见图 4.1）。研究表明工业技术的进步（程名望 等，2006）、贸易引发的非农发展（Erten & Leight，2019）、农业生产效率的进步（Cao & Birchenall，2013；徐建国和张勋，2016；Yao & Zhu，2021）均会促使农业劳动力的流失。此外，我国城镇化程度的快速深化也成为促使农业劳动力向其他行业转移的重要原因。随着中国进入城镇化快速发展阶段，农业劳动力的流失使得现有研究开始集中于城镇化进程对农业劳动力非农转移的影响[①]。交通基础设施建设是发展城镇化的重要组成部分，Atack et al.（2010）发现，在 19 世纪 50 年代美国中西部县域城镇化的发展过程中，铁路所发挥的作用占到总效应的 58.3%。

我国整体基础设施水平的提高，尤其是交通基础设施的大面积铺开，成为中国经济增长奇迹的重要推手（张军 等，2007；张学良，2012）。如表 4.1 所示，自高铁开通以来到 2020 年期间，我国高铁营业里程由 672 公里增长至 37 929 公里，增长了约 5~6 倍。与此同时，高铁客运量占铁路总客

---

① "城镇化进程中农村劳动力转移问题研究"课题组，张红宇. 城镇化进程中农村劳动力转移：战略抉择和政策思路 [J]. 中国农村经济，2011 (6)：4-14，25.

运量的占比增加了 140 倍以上，到 2020 年已经达到了 70.7%。此外，由于新型冠状病毒感染疫情的原因，2020 年客运量比 2019 年下降了约 34%，但从整体上来说，高铁旅客周转量占铁路总旅客周转量的比重呈现出快速的增长趋势。随着我国高铁的发展，到 2030 年高铁网络预计将连接中国各省近 230 个城市（Dong et al., 2020）。交通基础设施通常被认为是促进经济增长和国家发展的关键，高铁已经被广泛地认为是中国的伟大成就和国家名片（秦志龙和陈晓光, 2020），中国高铁已经成了当今社会的新"中国四大发明"，承担着我国最主要的交通运输任务，同时也是国内区域间人口流动的重要动力之一。

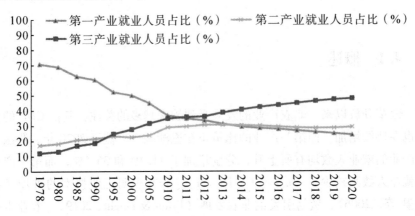

图 4.1 1978—2020 年各产业就业人员占比情况

数据来源：国家统计局。

表 4.1 我国高铁发展概况

年份	营业里程		客运量	
	公里	占铁路运营里程比重/%	万人	占铁路客运量比重/%
2008	672	0.8	734	0.5
2009	2 699	3.2	4 651	3.1
2010	5 133	5.6	13 323	8
2011	6 601	7.1	28 552	15.8
2012	9 356	9.6	38 815	20.5
2013	11 028	10.7	52 962	25.1
2014	16 456	14.7	70 378	30.5

表4.1(续)

年份	营业里程		客运量	
	公里	占铁路运营里程比重/%	万人	占铁路客运量比重/%
2015	19 838	16.4	96 139	37.9
2016	22 980	18.5	122 128	43.4
2017	25 164	19.8	175 216	56.8
2018	29 904	22.7	205 430	60.9
2019	35 388	25.3	235 833	64.4
2020	37 929	25.9	155 707	70.7

数据来源：中国统计年鉴。

　　一方面，高铁带来了极高的运输效率，大大降低了地区间的流动成本，促进了农业劳动力的流动，农业劳动力的流失导致耕地被弃耕抛荒；另一方面，即使高铁多采用"以桥代路"的方式建设路基，但高铁建设仍然会占用大量的农业耕地，例如建设京沪高铁占用了 4 426.67 平方公里的农业耕地[①]，这是一个不小的数字，约是北京市耕地面积的 2 倍。众所周知，土地不仅是人类赖以生存的根本，还是农业生产关键投入要素。Kasraian et al.（2016）的研究表明交通基础设施的建设会对土地利用产生影响。图 4.2 展示了改革开放以来我国耕地面积的变化情况，从中可以发现，20 世纪 90 年代以来我国耕地面积陆续减少[②]。

---

　　① 邹一昊，吴克宁，李月洁，赵华甫，路婕，高丽丽，许妍. 京沪高铁建设的耕地占补平衡按等折算研究 [J]. 安徽农业科学，2011，39（7）：4181-4184.
　　② 本书认为高铁开通对农业投入要素影响最大的是农业劳动力和耕地面积，根据文献和数据，同时限于篇幅，本章重点讨论高铁开通对农业劳动力的影响，本章后续的部分主要基于农业劳动力来开展研究。但在进一步讨论当中，本书对高铁开通与耕地面积的关系进行了分析。

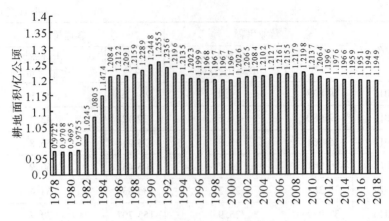

图 4.2 1978—2018 年中国耕地情况

数据来源：世界银行。

大部分学者讨论了高铁开通对风险投资（龙玉 等，2017）、经济扩散（Baum-Snow et al.，2017）、产业发展（邓慧慧 等，2020）、区域经济增长（王垚和年猛，2014；董艳梅和朱英明，2016；张俊，2017；刘勇政和李岩，2017）的作用。也有部分学者对高铁与人口流动的话题进行了讨论，比如，王赟赟和陈宪（2019）发现，高铁能加速人口的流动，我国人口受高铁的影响大多表现出从北到南和自西向东的流动特征。Dong et al.（2020）发现，高铁开通以后，区域间的通勤成本和时间均有所下降，进而加快了人才的流动。余泳泽和潘妍（2019）研究发现，高铁对拥有高技能的劳动力在流入地的集聚效应起到了促进作用。但讨论高铁对农业劳动力的相关研究却是鲜有学者涉足。

尽管已有的文献从多个方面对高铁开通带来的一系列影响进行了探究，但详细考察我国高铁开通对农业劳动力非农转移的影响的文献并不多见。探究这一问题具有重要意义，有助于我们理解交通基础设施改善对经济结构转型的具体影响。本研究以高铁开通带来的冲击为切入点，在运用多期双重差分实证策略的基础上，结合县级层面的微观数据，尝试回答以下问题：高铁的开通导致了中国农业劳动力的非农转移吗？其影响的幅度有多大？不同区域之间是否存在差异？对其他农业投入要素有怎样的影响？

本研究可能包含以下三点边际贡献：第一，本研究较为系统地对交通基础设施建设影响中国农业劳动力非农转移的问题进行了考察。第二，在实证内容方面,已有研究对相关问题的讨论几乎都采用省级或地级市层面的数据,而本研究综合利用县级层面更为微观的数据进行研究。县级数据可以更加细致、微观、精准地反映中国经济发展的状况,尤其是对于农业发展的研究更应该基于尺度更小的微观数据。第三,在政策含义角度,区别于已有文献对主要交通基础设施改善影响非农领域发展的关注,本研究聚焦于交通基础设施改善对农业劳动力非农转移产生的具体影响。本研究的研究结果具有启发意义,为政府更好地促进农村剩余劳动力转移提供了政策建议,有助于我国更好地应对粮食安全威胁。此外,在实施乡村振兴战略的大背景下,本研究的结论为政府部门制定与完善相关农业农村发展的政策提供思路和参考。

本章的结构安排如下:4.2节是理论框架,4.3节是研究设计与数据说明,4.4节是实证结果及分析,4.5节是稳健性检验,4.6节是异质性分析,4.7节是进一步讨论,4.8节是本章小结。

4.2 理论框架

当前,受制于我国的土地制度,农用土地的产权交易机制和交易市场均不完善,当农业劳动力不再从事第一产业的工作后,基本上都选择进入到经济发展更佳、相对收入更高的地区从事非农产业(蔡昉,2018;Tombe & Zhu,2019)。关于农业劳动力的非农转移可以分为两类。一部分文献认为,农业劳动力非农转移可以被认为是由农业部门技术进步使农业生产力提高而产生的"推力"效应所导致的(Emerick,2018;Busto et al., 2016;Gollin et al.,2002);另一部分文献则提出,由于非农业部门的产业发展与集聚效应会进一步扩大对劳动力的需求,所以会出现对农业劳动力的"拉力"效应(Gylfason & Gylf Zoega,2006;Hansen & Prescott,2002)。基于现有的理论基础,本研究认为农业劳动力的非农转移主要是由"推力"和"拉力"两种效应直接或间接的影响造成的。

关于"推力"效应的讨论认为,交通基础设施的建设会推动城镇化的进程,同时促使交通出行成本降低,并且改变沿线地区的农业种植结构,间接或直接地推动农业劳动力转移到非农部门。陈卫和王若丞(2020)发现,高铁的开通可以显著提高设施所在城市的城镇化速度,而这种城镇化推动作用在中小规模的城市中体现得尤为明显。王赟赟和陈宪（2019）讨论了由高铁开通导致的通勤成本降低对人口流动的影响，研究表明高铁开通能加速人口的流动。从直接影响来看，高铁开通能促进城镇化的发展，同时减少流动的成本，进而使得城市中的非农部门生产能力及需求增加，加速农业部门的劳动力非农转移。所以，高铁开通可以通过城镇化与流动成本降低的渠道起直接的"推力"效应，加速农业劳动力非农转移[①]。与此同时，农业劳动力还可能受到一些间接的"推力"影响。交通基础设施的改善对种植业结构调整起重要作用，会使果蔬等经济作物的种植比例得到提高（董晓霞 等，2006）。因此，高铁的开通可能会通过加快人口流动速度和提高当地客流量等渠道对农产品（尤其是经济作物）的需求量形成刺激，从供给侧的角度提高经济作物的当地种植热情，进一步促进当地农业劳动力的流动。从某种意义上来讲，高铁开通可以通过种植结构调整的渠道对农业劳动力流动产生间接的"推力"效应。

关于农业劳动力非农转移的"拉力"效应的讨论，过去的文献提出，非农产业的发展会增加相应部门的劳动力需求，进一步促使非农部门不断吸引农业的劳动力。例如，在2002年中国加入WTO之后，关税层面不确定性因素的减少促进了第二产业的繁荣，在提高第二产业吸引力的同时还加快了劳动力非农转移的速度（Erten & Leight，2019）。同时，高铁还可以在提升企业创新能力、增加投资需求等方面做出相应贡献（龙玉 等，2017；诸竹君 等，2019），进而有助于高铁连通地区的非农产业发展（张俊，2017）。所以，高铁的开通不仅会促进二、三产业的发展，增加相关的劳动力需求，还会通过"拉力"效应的影响进一步推动当地农业劳动力的非农转移。（张军 等，2021）

具体的逻辑框架如图4.3所示。

---

① 比如，渝贵高铁开通后，外出打工者从达州到广州的交通运输时间从原有的23个小时缩减为10个小时左右，这大大改善了交通通达状况，参见《工人日报》：《蜀道不再难打工者乘高铁外出务工》，http://news.sina.com.cn/o/2018-03-01/doc-ifyrzinh0668376.shtml；商合高铁极大地便利了两地外出务工人员的出行，进而对外出打工者产生了推力，参见《中国产经新闻》：《三省人与三条线鄂豫皖各界谈郑合、郑阜、郑襄高铁开通》，http://www.cien.com.cn/2019/1205/82926.shtml。

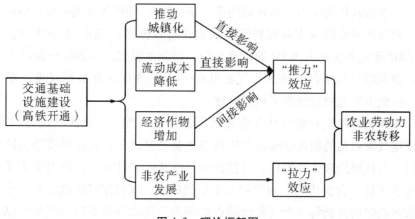

图 4.3　理论框架图

4.3　数据、变量与描述性统计

4.3.1　数据说明

本研究的数据来源主要是由以下内容组成：①高铁开通时间和线路的数据来源于中国铁路总公司、国家铁路局等新闻报道和公告、哈佛大学中国地图网页①；②县级层面的农业相关变量来自于《农业农村部县级农作物数据库》②，该数据来源于国家统计局；③县级层面的气象条件变量来自于中国气象局气象数据共享平台③；④其他经济及区县特征控制变量来自于各省统计年鉴等年鉴；⑤坡度数据基于 ASTER Global Digital Elevation Model V003 的数据并计算所得④。⑥距离数据（到省界、省会、北上广的距离）基于国家地理信息公共服务平台提供的中国地图（2019 版），采用 ArcGIS 计算所得。⑦明朝驿站数据来自于 Merrick Lex Berman 的个人网站⑤。

---

① 参见 http://worldmap.harvard.edu/chinamap/。
② 龚斌磊. 中国农业技术扩散与生产率区域差距 [J]. 2022，57（11）：102-120.
③ 天气的历史数据来自中国气象数据网（CMDSSS）的地面气候资料日值数据集，这个数据集共计提供了我国 699 个气象台站的气象数据，其中包含了：温度、降水量、湿度、光照时长、气压、平均风速等变量。下同。
④ 参见 https://search.earthdata.nasa.gov/search？q＝ASTER&ok＝ASTER。下同。
⑤ 参见 https://www.dbr.nu/data/。下同。

由于普遍认为中国内陆开通的第一条高铁是 2008 年开通的京津城际铁路，同时本研究的《农业农村部县级农作物数据库》截止到 2015 年，并且 2002 年是我国加入 WTO 的重要年份，因此本研究选用 2002—2015 年作为本研究的时间区间。此外，气象数据和农业数据存在数据尺度上的差异，因此本研究对数据作了相应处理。

本研究对气象数据与县级农业数据进行了匹配，具体匹配过程如下：①根据气象台站的经纬度确定其所处省市县及县代码，用经纬度作为匹配变量，县代码用来作匹配后的数据核对与校准；②利用 ArcGIS 计算农业数据中各区县（含县代码）对应的县中心经纬度；③根据经纬度计算每个农业数据提供的县到每一个气象台站点的距离，选取各县最近的气象台站点数据作为该县的气象数据。至此，本研究构建了一个详细的中国农业数据——气象变量的县级层面日度的面板数据集①。

4.3.2 描述统计

表 4.2 报告了本章研究所涉及的主要变量的数据描述统计。对比"高铁县"和"非高铁县"结果，可以看到"高铁县"的农业劳动力的均值为 12.47 万人，略高于"非高铁县"对应的 11.95 万人。

表 4.2　2002—2015 年县级农业数据统计描述

变量	单位	样本量	均值	标准差	最小值	最大值
高铁县（2002—2015 年）						
农业劳动力	万人	5 539	12.47	10.27	0.01	138.43
年平均气温	℃	7 532	15.71	4.69	1.82	26.48
年累积降水量	厘米	7 532	983.06	44.60	710.23	1 017.41
年平均风速	米/秒	7 532	2.14	0.65	0.50	6.53
年平均相对湿度	%	7 532	43.22	31.90	3.33	84.80
年平均大气压力	百帕	7 532	111.87	53.61	0.96	316.01

---

① 此外，本研究还考虑了用 idw（反距离加权插值）方法得到的气象数据。对于某个县级单位中有多个气象台站的情况，本研究选取多个台站的平均值作为这个县级单位的气象数据；对于某个县级单位没有台站的情况，本研究选取最近的气象台站点作为该县气象数据。以上两种办法得到的气象数据，进行回归得到的结果依然稳健。

表4.2(续)

变量	单位	样本量	均值	标准差	最小值	最大值
年日照时数	小时	7 532	1 875.81	481.56	629.83	3 444.05
有效灌溉面积	万人	6 177	2.27	2.07	0.00	17.65
乡镇企业职工人数	万人	5 001	12.17	16.56	0.04	212.60
人均收入	万元	5 038	0.56	0.33	0.01	4.23
机耕地面积	万公顷	5 734	2.91	3.70	0.00	33.30
非高铁县（2002—2015 年）						
农业劳动力	万人	27 459	11.95	14.00	0.00	667.70
年平均气温	℃	31 378	13.00	5.43	-4.42	27.78
年累积降水量	厘米	31 378	937.96	92.50	573.12	1 017.62
年平均风速	米/秒	31 378	2.08	0.61	0.27	7.85
年平均相对湿度	%	31 378	40.74	30.48	2.68	87.81
年平均大气压力	百帕	31 378	85.72	48.39	1.00	328.75
年日照时数	小时	31 378	2 075.50	534.65	684.25	3 683.10
有效灌溉面积	万人	28 875	2.21	2.71	0.00	87.47
乡镇企业职工人数	万人	24 557	6.94	11.66	0.00	232.36
人均收入	万元	25 796	0.43	0.33	0.00	14.65
机耕地面积	万公顷	26 364	3.33	4.93	0.00	104.47

注：数据来源为《农业农村部县级农作物数据库 2002—2015》、《中国气象局气象数据共享平台 2002—2015》和《各省统计年鉴 2002—2015》。

4.4 实证模型与基准结果

4.4.1 模型设定

本研究利用县级层面高铁开通的准自然实验，试图回答高铁的开通对农业劳动力的影响，研究采用多期双重差分（DID）法，具体采用如下模型进行估计：

$$\ln Y_{ct} = \alpha + \beta \, \text{HSR}_{ct} + \delta \, X_{ct} + \mu_c + \lambda_t + \varepsilon_{ct} \qquad (4-1)$$

其中，$\ln Y_{ct}$ 为 c 县在第 t 年的农业劳动力的对数值。α 为常数项。假设 c 县在第 t 年开通高铁则 $HSR_{ct} = 1$，未开通则 $HSR_{ct} = 0$，HSR_{ct} 表示高铁开通状况和开通年份的交互项，是本研究主要关注的解释变量，对应的系数 β 是本研究感兴趣的核心参数，其度量了高铁开通对农业劳动力的影响。X_{ct} 为其他随时间变化且可能对被解释变量有影响的特征，如气象条件变量：平均气温、降雨量、日照时数、平均风速、平均相对湿度和平均大气压力；农业控制变量：灌溉率、乡镇企业职工人数（对数值）、人均收入（对数值）、机耕地面积（对数值）。事前特征变量：是否为贫困县[①]、坡度大小和距离本省省界的距离（均与时间交乘）。μ_c 为县域固定效应，用县级层面的哑变量来表征，目的是控制所有县级层面不随时间变化而变化的因素对估计结果的影响，如各区县层面一些无法观测的地理、文化等因素。λ_t 为时间固定效应，用各个年份的哑变量来表征，目的是控制所有时间层面不随地区改变的宏观冲击对估计结果的影响，如对开通高铁可能产生影响的宏观政策等其他外生冲击。

我国经济发展在各个区域之间存在着不平衡，致使区域之间存在着政策倾向性等问题，与此同时这部分差异在某种程度上可能存在随时间变化的特征，进而对估计结果产生误差。在稳健性检验部分，本研究考虑了在基准模型（4-1）的基础上控制省份和年份的交互固定项（$prov_c \times \lambda_t$），即采用如下模型进行估计：

$$\ln Y_{ct} = \alpha + \beta\, HSR_{ct} + \delta X_{ct} + \mu_c + \lambda_t + prov_c \times \lambda_t + \varepsilon_{ct} \qquad (4-2)$$

高铁的选址和建设可能存在非随机性。各区县具有各自的无法观测的地理、文化等特征，可能会影响高铁线路设计部门及各级政府对高铁途径路线的选址。比如在山地、河流和耕地修建高铁需要建涵洞、架桥梁和向农民征地等，使得高铁的建造成本变高。这些无法观察的特征同样会影响各区县的农业生产，若不考虑这些特征变量，则可能因为存在着遗漏变量的问题，从而导致对研究结果产生影响，因为遗漏变量可能会产生内生性问题。所以，本研究采用固定效应 μ_c 的方式来缓解该问题。

本研究认为采用县级层面的数据来讨论高铁对农业的影响具有以下几点好处：一是，区县层面的政府不太可能对高铁的修建与规划起决定性作

---

① Faber（2014）指出由于高速公路修建的政策导向性，政府可能为了支持某些经济较落后县的发展，而导向性地将高速公路建设在经济较落后的县。因此，我们有必要在事前特征变量中考虑该县是否为贫困县。下同。

用，而将更多的决定权掌握在中央、省级甚至市级政府的手中（董晓芳和刘逸凡，2018）；二是，高铁的建设需要大量的资金，而县级政府由于财政能力有限，无法为高铁修建提供持续的资金来源，因此县级政府很难参与到高铁的修建过程中，因此我们可以认为县级层面的数据较市级、省级层面的数据而言外生性更强；三是，中央政府在规划高铁的路线时，首要考虑连接大部分重要的城市，中途区县是否开通高铁可能更多的是出于连接大城市而随机偶然的选择。因此，本研究认为利用县级层面的高铁开通为准自然实验开展研究外生性更强（张俊，2017）。

4.4.2 基准结果

表4.3是基于模型（4-1）和（4-2）得到的高铁对农业劳动力影响的回归结果。所有回归的被解释变量是农业劳动力的对数值，第（1）列至第（4）列均控制了区县固定效应、年份固定效应和气象条件变量。第（1）列只控制了区县固定效应、年份固定效应和气象条件变量，本研究中的气象条件变量包括：平均气温、降雨量、日照时数、平均风速、平均相对湿度和平均大气压力；其气象条件的控制方式为：某县某一天暴露于特定5℃温度区间（0~5℃、5℃~10℃、10℃~15℃、15℃~20℃、20℃~25℃、25℃~30℃、30℃~35℃及≥35℃）和累计降水量、风速、平均相对湿度、气压、日照时数的二次多项式。回归结果表明高铁的开通使得"高铁县"比"非高铁县"农业劳动力流失多8.34%，且回归系数在1%的水平上显著。第（2）列在第（1）列的基础上同时控制了省份-年份固定效应，回归系数约为-8.2%且在1%水平上显著。考虑到当地农业相关的变量可能会影响农业劳动力的变化，第（3）列在第（2）列的基础上考虑了农业控制变量，包括：灌溉率、乡镇企业职工人数（对数值）、人均收入（对数值）、机耕地面积（对数值）。考虑了与农业相关的控制变量后，回归系数和显著性都有所下降，但结果仍然在5%的水平下显著。第（4）列在第（3）列的基础上考虑了事前特征变量（是否为贫困县、坡度大小和距离本省省界的距离）的影响，回归系数约为-7.2%且在5%水平上显著。基准回归的结果与张军等（2021）的发现一致。

表 4.3　高铁开通对农业劳动力的影响

	Log（农业劳动力）			
	（1）	（2）	（3）	（4）
HSR_{ct}	-0.083 4 ***	-0.082 0 ***	-0.076 4 **	-0.072 0 **
	（0.031 4）	（0.030 1）	（0.030 0）	（0.030 0）
气象条件变量	Y	Y	Y	Y
县域固定效应	Y	Y	Y	Y
年份固定效应	Y	Y	Y	Y
省份-年份固定效应		Y	Y	Y
农业控制变量			Y	Y
事前特征变量				Y
Observations	22 572	22 572	22 572	22 572
R-squared	0.922 4	0.930 3	0.930 5	0.930 7

注：第（1）～（4）列中的被解释变量是农业劳动力的对数。括号中的数值表示在区县和市-年层面上双重聚类的标准差，＊、＊＊、＊＊＊分别表示在10%、5%和1%的水平下显著。

4.4.3　平行趋势检验

双重差分方法使用前有一重要假定，即对照组（"非高铁县"）和实验组（"高铁县"）存在共同的时间变化趋势（Card & Krueger，2000）。为此，本研究根据 Autor et al.（2007）的方法，通过事件研究的估计方法来检验对照组与实验组之间的平行趋势，同时事件研究的方法还有助于观察政策效果的持续动态影响。具体的模型设定如下：

$$\ln Y_{ct} = \alpha + \sum_{\tau=2}^{q} \beta_{-\tau}\, HSR_{c,\, t-\tau} + \sum_{\tau=0}^{m} \beta_{+\tau}\, HSR_{c,\, t+\tau} +$$
$$\delta\, X_{ct} + \mu_c + \lambda_t + prov_c \times \lambda_t + \varepsilon_{ct} \qquad (4-3)$$

事件研究模型中变量设定与模型（4-2）基本保持一致，由于本研究开展高铁研究的时间窗口限制，本研究选择了 q=8、m=5 的时间窗口，分别衡量高铁开通前第 8 期和开通后第 5 期。其中，$\beta_{-\tau}$ 为高铁开通前的估计系数，根据这一系列系数的显著程度决定了本研究是否通过平行趋势检验；而 $\beta_{+\tau}$ 表示高铁开通后的估计系数，根据这一系列系数是否显著为零可以判断高铁的开通与农业劳动力之间的因果关系，同时 $\beta_{+\tau}$ 还能够反映高铁开通对农业总产值的持续动态效果（Granger，1969）。

本研究将高铁开通前 8 年以上的各期合并到第 8 年、开通后 5 年以上的各期合并到第 5 年，并以高铁开通前第 1 年（$\tau = -1$）作为基期。图 4.4 给出了基于模型（4-3）进行事件分析的实证结果。如图 4.4 所示，高铁开通之前（$\tau = -2$ 及其之前）的结果在零值附近且不显著，意味着本研究的处理组和对照组通过了平行趋势检验。同时，高铁开通之后（$\tau = 0$ 及其之后）的系数为负且在 95% 的置信水平下显著，且呈现出持续下降的态势，这部分结果反映高铁的开通对"高铁县"的农业劳动力产生了持续的显著影响。

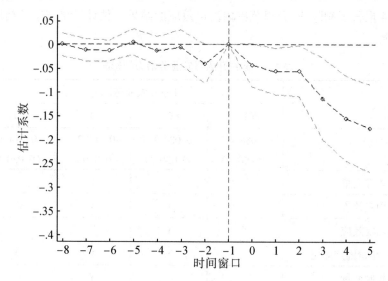

图 4.4　事件研究估计结果

注：空心圆圈代表点估计，虚线代表 95% 的置信区间。

4.5　稳健性分析

本节主要通过排除溢出效应、变换回归样本、调整气象条件变量、调整标准差的聚类方式、调整区域的时间趋势效应、考虑非关键地区的影响和安慰剂检验等方式，来检验基准结果的稳健性。

4.5.1 排除溢出效应

该部分主要报告剔除了县级层面的溢出效应的结果。通常相邻区县之间距离相对较近，两地之间的人口流动性较强。因此，本研究用三种办法来剔除高铁开通可能对农业劳动力的溢出效应，以得到更干净的处理效应。

首先，本研究计算每个区县（不含高铁站点县）与最近高铁站点县的距离，剔除掉30公里范围内的区县（不含高铁站点县）样本（本研究认为距离高铁30公里范围内的区县更容易汲取高铁开通带来的溢出效应）。表4.4报告了剔除30公里范围内溢出效应的结果，估计结果与基准结果保持一致。

表4.4　高铁开通对农业劳动力的影响

	Log（农业劳动力）			
	（1）	（2）	（3）	（4）
HSR_{ct}	−0.088 7***	−0.084 9***	−0.080 2***	−0.074 6**
	（0.031 6）	（0.030 2）	（0.030 0）	（0.030 1）
气象条件变量	Y	Y	Y	Y
县域固定效应	Y	Y	Y	Y
年份固定效应	Y	Y	Y	Y
省份−年份固定效应		Y	Y	Y
农业控制变量			Y	Y
事前特征变量				Y
Observations	20 299	20 297	20 297	20 297
R−squared	0.922 6	0.931 0	0.931 1	0.931 3

注：所有回归与基准结果表4.3保持一致。括号中的数值表示在区县和市−年层面上双重聚类的标准差，*、**、***分别表示在10%、5%和1%的水平下显著。

其次，本研究拓宽溢出效应可能辐射的距离，采用50公里作为溢出效应的阈值。与剔除掉30公里范围内的区县（不含高铁站点县）样本所采用的方法一致，本研究同样剔除掉50公里范围内的区县（不含高铁站点县）样本。一方面，本研究认为距离高铁50公里范围内的区县也能够汲取高铁开通带来的溢出效应；另一方面，其与30公里作为溢出效应的阈值设定互为稳健性检验，这样减少距离选择带来的误差。表 4.5 报告了剔除 50 公里范围内溢出效应的结果，估计结果与基准结果保持一致，同时与剔除 30 公里范围的结果并没有显著差异。

表 4.5　高铁开通对农业劳动力的影响

	Log（农业劳动力）			
	（1）	（2）	（3）	（4）
HSR$_{ct}$	−0.092 9***	−0.082 7***	−0.078 5***	−0.069 6**
	（0.032 0）	（0.030 5）	（0.030 4）	（0.030 7）
气象条件变量	Y	Y	Y	Y
县域固定效应	Y	Y	Y	Y
年份固定效应	Y	Y	Y	Y
省份−年份固定效应		Y	Y	Y
农业控制变量			Y	Y
事前特征变量				Y
Observations	16 445	16 443	16 443	16 443
R-squared	0.923 9	0.932 8	0.932 8	0.933 0

注：所有回归与基准结果表 4.3 保持一致。括号中的数值表示在区县和市−年层面上双重聚类的标准差，*、**、***分别表示在 10%、5% 和 1% 的水平下显著。

最后，同一条高铁线路上的区县可以分为高铁站点县和高铁途经县，某高铁的开通可能对该条高铁线路上的高铁途经县产生相应的溢出效应。为了解决这一问题，本研究将与高铁站点县位于同一条高铁线路上的其他高铁途经县的样本剔除。表 4.6 第三列汇报了该结果，表明在剔除了高铁途经县的溢出效应的潜在影响后，估计结果依然与基准结果保持一致。

表 4.6　高铁开通对农业劳动力的影响

	Log（农业劳动力）			
	（1）	（2）	（3）	（4）
HSR$_{ct}$	−0.090 4***	−0.088 3***	−0.083 0***	−0.079 5***
	（0.031 6）	（0.030 3）	（0.030 1）	（0.030 3）
气象条件变量	Y	Y	Y	Y
县域固定效应	Y	Y	Y	Y

表4.6(续)

	Log（农业劳动力）			
	（1）	（2）	（3）	（4）
年份固定效应	Y	Y	Y	Y
省份-年份固定效应		Y	Y	Y
农业控制变量			Y	Y
事前特征变量				Y
Observations	20 413	20 413	20 413	20 413
R-squared	0.922 4	0.930 9	0.931 1	0.931 2

注：所有回归与基准结果表4.3保持一致。括号中的数值表示在区县和市-年层面上双重聚类的标准差，＊、＊＊、＊＊＊分别表示在10%、5%和1%的水平下显著。

4.5.2 变换回归样本

该部分主要报告修改回归样本的结果。通常回归样本量的变化一定程度上也会影响回归结果的系数大小及显著性。同时，部分样本不具有代表性，放入回归样本中也会影响回归的结果，比如偏远地区的样本、经济发展太好的地区等。此外，不同的回归样本设定，有助于回答基准结果的稳健性。因此，本研究考虑以下几种方案来调整回归的样本。

首先，2015年高铁开通的区县大部分时候都处在控制组，这些区县开通后的数据较少，采用全样本进行估计得到的结果可能会有偏误。因此，我们在选择处理组时，如果将2015年开通高铁的县纳入其中，在一定程度上可能会高估高铁开通的效应。所以，本研究假设2015年并没有开通任何高铁，将2015年开通高铁的县域样本剔除。表4.7报告了剔除2015年开通高铁的样本后的结果，从中可以发现高铁开通对农业劳动力的影响与基准结果保持一致。

表4.7　高铁开通对农业劳动力的影响

	Log（农业劳动力）			
	（1）	（2）	（3）	（4）
HSR_{ct}	−0.087 3 ***	−0.077 4 **	−0.070 9 **	−0.068 1 **
	（0.032 7）	（0.031 1）	（0.030 9）	（0.031 2）
气象条件变量	Y	Y	Y	Y

	Log（农业劳动力）			
	（1）	（2）	（3）	（4）
县域固定效应	Y	Y	Y	Y
年份固定效应	Y	Y	Y	Y
省份-年份固定效应		Y	Y	Y
农业控制变量			Y	Y
事前特征变量				Y
Observations	21 613	21 613	21 613	21 613
R-squared	0.923 6	0.931 4	0.931 6	0.931 7

注：所有回归与基准结果表4.3保持一致。括号中的数值表示在区县和市-年层面上双重聚类的标准差，＊、＊＊、＊＊＊分别表示在10%、5%和1%的水平下显著。

其次，云南、青海和西藏是我国相对比较偏远的省份，在2015年前这些偏远省份几乎没有高铁开通，因此本研究剔除了这些省份的样本并重新估计基准模型，表4.8报告了相应结果，结果仍显示高铁开通对劳动力流失的影响显著。

表4.8　高铁开通对农业劳动力的影响

	Log（农业劳动力）			
	（1）	（2）	（3）	（4）
HSR_{ct}	-0.088 7 ***	-0.080 5 ***	-0.073 6 **	-0.067 9 **
	（0.031 5）	（0.030 3）	（0.030 1）	（0.030 4）
气象条件变量	Y	Y	Y	Y
县域固定效应	Y	Y	Y	Y
年份固定效应	Y	Y	Y	Y
省份-年份固定效应		Y	Y	Y
农业控制变量			Y	Y
事前特征变量				Y
Observations	20 692	20 692	20 692	20 692
R-squared	0.923 5	0.930 6	0.931 0	0.931 1

注：所有回归与基准结果表4.3保持一致。括号中的数值表示在区县和市-年层面上双重聚类的标准差，＊、＊＊、＊＊＊分别表示在10%、5%和1%的水平下显著。

再次，北京、上海和广州（北上广）是我国在政治、经济和教育方面发展超前的城市，这些样本也可能会干扰基准结果，同时这些城市很难找到合适的对照组，因此本研究将北上广从样本中剔除，表4.9中（1）~（4）列报告了相应结果，结果仍显示高铁开通对劳动力流失的影响显著。省会城市和直辖市的样本同样也可能会干扰基准结果，因此本研究将省会城市和直辖市从样本中剔除，表4.9中（5）~（8）列报告了相应结果，估计结果依然与基准结果保持一致。

表4.9　高铁开通对农业劳动力的影响

	Log（农业劳动力）							
	去掉北上广				去掉省会和直辖市			
	（1）	（2）	（3）	（4）	（5）	（6）	（7）	（8）
HSR_a	−0.085 0 ***	−0.083 5 ***	−0.078 0 ***	−0.073 7 **	−0.068 4 **	−0.070 1 **	−0.066 4 **	−0.063 8 *
	(0.031 5)	(0.030 2)	(0.030 0)	(0.030 1)	(0.034 9)	(0.033 6)	(0.033 4)	(0.033 6)
气象条件变量	Y	Y	Y	Y	Y	Y	Y	Y
县域固定效应	Y	Y	Y	Y	Y	Y	Y	Y
年份固定效应	Y	Y	Y	Y	Y	Y	Y	Y
省份－年份固定效应		Y	Y	Y		Y	Y	Y
农业控制变量			Y	Y			Y	Y
事前特征变量				Y				Y
Observations	22 550	22 550	22 550	22 550	20 385	20 385	20 385	20 385
R−squared	0.922 4	0.930 3	0.930 5	0.930 7	0.927 1	0.934 5	0.934 7	0.934 7

注：所有回归与基准结果表4.3保持一致。括号中的数值表示在区县和市-年层面上双重聚类的标准差，* 、** 、*** 分别表示在10%、5%和1%的水平下显著。

再其次，本研究对样本的时间窗口进行了重新选择，本研究的基准回归的时间窗口为2002—2015年，因为2002年是我国加入WTO的重要年份。基于同样的考虑，本研究考虑把时间窗口调整为2004—2015年，因为从2004年起中央一号文件开始持续关注农业，同时从2004年起农业税开始部分取消，因此该年份对于农业生产十分重要，对应的结果汇报在表4.10中。同时，这部分的结果也验证了本研究在时间窗口上选择的稳健性。

表 4.10　高铁开通对农业劳动力的影响

	Log（农业劳动力）			
	（1）	（2）	（3）	（4）
HSR_{ct}	−0.063 7 **	−0.066 4 **	−0.062 1 **	−0.057 5 **
	（0.029 7）	（0.028 9）	（0.028 8）	（0.028 9）
气象条件变量	Y	Y	Y	Y
县域固定效应	Y	Y	Y	Y
年份固定效应	Y	Y	Y	Y
省份-年份固定效应		Y	Y	Y
农业控制变量			Y	Y
事前特征变量				Y
Observations	18 483	18 483	18 483	18 483
R-squared	0.917 5	0.924 4	0.924 6	0.924 7

注：所有回归与基准结果表 4.3 保持一致。括号中的数值表示在区县和市-年层面上双重聚类的标准差，＊、＊＊、＊＊＊分别表示在 10%、5% 和 1% 的水平下显著。

最后，考虑到被解释变量极端值的影响和数据收集过程中可能存在的偏误，本研究删除了被解释变量过大的 0.1% 和 0.5% 数据，分别在表 4.11 的（1）~（4）列和 4.11 的（5）~（8）列中汇报，这样处理能在一定程度上排除异常值对基准结果的干扰。结果表明剔除极端值的部分数据不会改变高铁开通的影响。

表 4.11　高铁开通对农业劳动力的影响

	Log（农业劳动力）							
	截尾处理（0.1%）				截尾处理（0.5%）			
	（1）	（2）	（3）	（4）	（5）	（6）	（7）	（8）
HSR_{ct}	−0.083 5 ***	−0.079 5 ***	−0.074 4 **	−0.068 5 **	−0.067 0 **	−0.059 0 **	−0.053 9 **	−0.049 5 *
	（0.030 5）	（0.029 3）	（0.029 2）	（0.029 2）	（0.027 3）	（0.026 1）	（0.025 9）	（0.026 4）
气象条件变量	Y	Y	Y	Y	Y	Y	Y	Y
县域固定效应	Y	Y	Y	Y	Y	Y	Y	Y
年份固定效应	Y	Y	Y	Y	Y	Y	Y	Y
省份-年份固定效应		Y	Y	Y		Y	Y	Y
农业控制变量			Y	Y			Y	Y
事前特征变量				Y				Y

	Log（农业劳动力）							
	截尾处理（0.1%）				截尾处理（0.5%）			
	（1）	（2）	（3）	（4）	（5）	（6）	（7）	（8）
Observations	22 527	22 527	22 527	22 527	22 344	22 344	22 344	22 344
R-squared	0.924 5	0.932 0	0.932 2	0.932 3	0.928 9	0.936 3	0.936 5	0.936 6

注：所有回归与基准结果表4.3保持一致。括号中的数值表示在区县和市-年层面上双重聚类的标准差，＊、＊＊、＊＊＊分别表示在10%、5%和1%的水平下显著。

4.5.3 调整气象条件变量

为了更精准地反映当地气象条件的影响，在基准回归中气象条件的控制方式包括：某县某一天暴露于特定5℃温度区间（0~5℃、5℃~10℃、10℃~15℃、15℃~20℃、20℃~25℃、25℃~30℃、30℃~35℃及≥35℃）和累计降水量、风速、平均相对湿度、气压、日照时数的二次多项式。因此，本研究对气象条件变量进行了调整，以便检验基准结果在不同气象条件设定下的稳健性。调整一，气象条件设定为温度、累计降水量、风速、平均相对湿度、气压、日照时数的一次项，结果汇报于表4.12的（1）~（4）列；调整二，本研究将温度箱（temperature bins）调整为温度的二次多项式，同时其他气象条件同样为二次多项式（包括温度、累计降水量、风速、平均相对湿度、气压、日照时数的二次多项式），对应的结果汇报于表4.12的（5）~（8）列。如表4.12所示，气象条件控制方式的改变并不会改变基准结果的结论。

表 4.12　高铁开通对农业劳动力的影响

	Log（农业劳动力）							
	线性气象条件（无温度箱）				非线性气象条件（无温度箱）			
	（1）	（2）	（3）	（4）	（5）	（6）	（7）	（8）
HSR$_{ct}$	−0.086 3＊＊＊	−0.082 9＊＊＊	−0.077 5＊＊＊	−0.072 8＊＊	−0.084 3＊＊＊	−0.082 6＊＊＊	−0.077 0＊＊	−0.072 3＊＊
	（0.031 6）	（0.030 1）	（0.029 9）	（0.030 0）	（0.031 5）	（0.030 1）	（0.029 9）	（0.030 0）
气象条件变量	Y	Y	Y	Y	Y	Y	Y	Y
县域固定效应	Y	Y	Y	Y	Y	Y	Y	Y
年份固定效应	Y	Y	Y	Y	Y	Y	Y	Y
省份-年份固定效应		Y	Y	Y		Y	Y	Y
农业控制变量			Y	Y			Y	Y
事前特征变量				Y				Y

表4.12(续)

	Log（农业劳动力）							
	线性气象条件（无温度箱）				非线性气象条件（无温度箱）			
	（1）	（2）	（3）	（4）	（5）	（6）	（7）	（8）
Observations	22 572	22 572	22 572	22 572	22 572	22 572	22 572	22 572
R-squared	0.922 1	0.930 2	0.930 4	0.930 5	0.922 2	0.930 2	0.930 4	0.930 6

注：所有回归与基准结果表4.3保持一致。括号中的数值表示在区县和市-年层面上双重聚类的标准差，*、**、*** 分别表示在10%、5%和1%的水平下显著。

4.5.4 调整标准差的聚类方式

有研究表明标准误在不同层次上的聚类方式虽不会影响参数估计值的大小，但会影响估计结果的统计显著性。为排除主观选择聚类层次的干扰，本研究将聚类方式设定在县级层面。结果如表4.13的（1）~（4）列所示，关注变量系数的大小及显著性与基准结果基本一致，从而验证了基准结果的稳健性。同样的，本研究将聚类方式设定为县级和省-年层面的双重聚类方式（counties and by province-by-year pairs），结果如表4.13的（5）~（8）列所示，关注变量系数的大小及显著性与基准结果基本一致，同样验证了基准结果的稳健性。因此，标准差聚类方式的改变并不会影响基准结果的结论。

表 4.13 高铁开通对农业劳动力的影响

	Log（农业劳动力）							
	县级层面聚类				县级和省-年层面的双重聚类			
	（1）	（2）	（3）	（4）	（5）	（6）	（7）	（8）
HSR_α	−0.083 4***	−0.082 0***	−0.076 4***	−0.072 0**	−0.083 4***	−0.082 0***	−0.076 4**	−0.072 0**
	（0.030 5）	（0.029 6）	（0.029 5）	（0.029 7）	（0.031 7）	（0.030 6）	（0.030 4）	（0.030 3）
气象条件变量	Y	Y	Y	Y	Y	Y	Y	Y
县域固定效应	Y	Y	Y	Y	Y	Y	Y	Y
年份固定效应	Y	Y	Y	Y	Y	Y	Y	Y
省份-年份固定效应		Y		Y		Y		Y
农业控制变量			Y	Y			Y	Y
事前特征变量				Y				Y
Observations	22 572	22 572	22 572	22 572	22 572	22 572	22 572	22 572
R-squared	0.922 4	0.930 3	0.930 5	0.930 7	0.922 4	0.930 3	0.930 5	0.930 7

注：所有回归与基准结果表4.3保持一致。括号中的数值表示在不同设定聚类条件下的标准差，*、**、*** 分别表示在10%、5%和1%的水平下显著。

4.5.5 调整区域的时间趋势效应

由于发展政策、地理位置的不同,我国各区域的经济发展水平也存在一定差异,同时这部分差异在某种程度上可能存在随时间变化的特征,进而对估计结果产生误差。此外,也有可能由于省级政府与中央政府的一系列宏观政策的影响,同时某些省份由于禀赋的差异跟中央政府的谈判能力也有所不同,因此某地或某区域在高铁的选址、开通时间及营运能力上可能会有所差异,同时一部分差异会随着时间的变化而变化。采用构造省份和年份的交互固定项($prov_c \times \lambda_t$)的方式来控制省份随年份的固定效应,可以在某种程度上缓解遗漏变量带来的内生性问题。为了降低该问题可能导致的估计偏误,模型(4-2)在模型(4-1)的基础上加入省份虚拟变量和年份固定效应的交互项,然后进行重新估计。模型(4-1)对应的结果报告在基准回归表4.3的第(1)列,表4.3的第(2)~(4)列均报告了模型(4-2)对应的结果,均控制了省份和年份的交互固定项,控制区域的时间趋势效应后,高铁开通带来的影响依然稳健。

表 4.14　高铁开通对农业劳动力的影响

	Log(农业劳动力)							
	省份-年份线性时间趋势				省份-年份非线性时间趋势			
	(1)	(2)	(3)	(4)	(5)	(6)	(7)	(8)
HSR$_{ct}$	−0.083 4***	−0.072 6**	−0.068 0**	−0.064 5**	−0.083 4***	−0.077 1***	−0.072 2**	−0.067 2**
	(0.031 7)	(0.029 6)	(0.029 3)	(0.029 4)	(0.031 7)	(0.029 5)	(0.029 4)	(0.029 3)
气象条件变量	Y	Y	Y	Y	Y	Y	Y	Y
县域固定效应	Y	Y	Y	Y	Y	Y	Y	Y
年份固定效应	Y	Y	Y	Y	Y	Y	Y	Y
省份-年份时间趋势		Y	Y	Y	Y	Y	Y	Y
农业控制变量			Y	Y			Y	Y
事前特征变量				Y				Y
Observations	22 572	22 572	22 572	22 572	22 572	22 572	22 572	22 572
R-squared	0.922 4	0.926 7	0.926 8	0.927 1	0.922 4	0.927 7	0.927 9	0.928 1

注:所有回归与基准结果表4.3保持一致。括号中的数值表示在区县和市-年层面上双重聚类的标准差, *、**、*** 分别表示在10%、5%和1%的水平下显著。

在此基础上,本研究调整了两种区域的时间趋势方式:方式一,本研究将省份虚拟变量和年份固定效应的交互项修改为省份虚拟变量和时间趋势变量一次项的交互项,结果报告于表4.14的(2)~(4)列;方式二,本研究将省份虚拟变量和年份固定效应的交互项修改为省份虚拟变量和时间趋势变量二次多项式的交互项，结果报告于表 4.14 的第（6）~（8）列。结果表明，区域的时间趋势效应的调整并不会影响基准结果的结论。

4.5.6 考虑非关键地区的影响

各区县的农业发展情况同时可能会反过来影响当地是否能被高铁连接。若该地在政治上比较重要或农业发展情况较好，当地政府可能更有实力与动力跟上一级或更高级的政府协商建设高铁，从而高铁这一关键变量很有可能具有内生性。过去的文献中遇到类似的情况，通常采用非关键地区作为样本进行估计，可以在一定程度上解决或缓解交通基础设施造成的内生性问题。他们的逻辑是，大型的交通基础设施，由于建设成本高，要充分保障基础设施建设的经济效益，因此各国在交通基础设施的路线规划上通常会首先保证省会、重要城市等历史地位、政治地位和经济地位比较重要关键的地方，然而为了连通这些关键地区而经过的区县或城市通常被认为是随机的、偶然的（Redding & Turner, 2015）。

观察我国的高铁的路线图，可以发现我国高铁的路线均相对比较笔直，连通关键地区之间的路线几乎不存在绕路的现象，同时这样的线路设计与运营也能保障高铁的运行速度不受影响，因此本研究采用非关键地区作为样本（即剔除关键地区），能够在很大程度上消除内生性的问题。

该部分稳健性检验亦采用同样的逻辑来构造处理组，一方面，本研究将样本设定为高铁所连通的所有"县"，不保留其他的"区"的样本，因为"区"可能比"县"的经济、政治地位更高，同时"区"比"县"更不容易以农业为主要产业，通过保留"县"的样本能够在一定程度上降低可能的内生性。另一方面，本研究剔除了关键城市的区县样本，保留高铁连接大城市而经过的区县样本，这些区县的存在通常对于高铁是否修建很难产生决定性的影响，而且这样处理能够保证控制组与实验组的样本更加随机，从而降低了内生性的影响。具体做法与 Michaels（2008）以及 Chandra 和 Thompson（2000）方法类似，本研究汇总了《中长期铁路网规划》① 提到的 38 个重要节点大城市，剔除了这 38 个节点大城市样本内的县级样本。

---

① 采用 2008 年调整后的版本，因为《中长期铁路网规划》（2008 年调整）完全包括了《中长期铁路网规划》（2004 年）提到的城市。

表4.15的（1）～（4）列和（5）～（8）列分别报告了对应的结果，与基准结果相比依然稳健。

表4.15 高铁开通对农业劳动力的影响

	Log（农业劳动力）							
	剔除市辖区				剔除这38个节点大城市			
	(1)	(2)	(3)	(4)	(5)	(6)	(7)	(8)
HSR$_{ct}$	-0.059 3 *	-0.061 7 **	-0.057 1 *	-0.053 7 *	-0.058 7 ***	-0.054 8 ***	-0.050 0 **	-0.049 8 **
	(0.031 9)	(0.030 7)	(0.030 6)	(0.031 2)	(0.022 1)	(0.020 5)	(0.020 5)	(0.020 7)
气象条件变量	Y	Y	Y	Y	Y	Y	Y	Y
县域固定效应	Y	Y	Y	Y	Y	Y	Y	Y
年份固定效应	Y	Y	Y	Y	Y	Y	Y	Y
省份-年份固定效应		Y	Y	Y		Y	Y	Y
农业控制变量			Y	Y			Y	Y
事前特征变量				Y				Y
Observations	19 010	19 010	19 010	19 010	19 787	19 787	19 787	19 787
R-squared	0.923 8	0.932 2	0.932 4	0.932 5	0.927 2	0.935 4	0.935 5	0.935 6

注：所有回归与基准结果表4.3保持一致。括号中的数值表示在区县和市-年层面上双重聚类的标准差，*、**、***分别表示在10%、5%和1%的水平下显著。

4.5.7 安慰剂检验

经过大量的稳健性检验讨论后，基准结果的稳健性基本得到满足，但是本研究仍然担心其他无法观测的潜在因素可能会对估计结果造成影响，因此本研究采用Adukia et al.（2020）的方法，利用安慰剂检验的办法来回答该潜在的问题。具体地，本研究首先随机生成处理组（高铁县）和高铁开通年份对应的虚拟变量；然后，将随机生成的处理组（高铁县）虚拟变量与高铁开通年份虚拟变量交乘得到新的模拟交互项；再次，利用模型（4-2）把新的模拟交互项当作感兴趣的变量进行估计，得到的模拟估计系数β_{sim}即为本研究感兴趣的系数；最后，考虑重复上述流程500次，从而得到β_{sim}的系数分布情况。β_{sim}的系数分布情况如图4.5所示，从中可以发现β_{sim}的均值整体上服从正态分布，同时接近于零值，表明本研究的基准结果通过了安慰剂检验，在一定程度上缓解了其他无法观察的因素对估计结果造成的影响（张军 等，2021）。

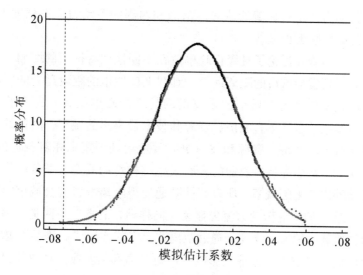

图 4.5　安慰剂检验

4.6　异质性分析

高铁对农业劳动力的负向影响可能在不同区域呈现出异质性。为了进一步解释高铁对农业劳动力在不同特征下的影响，本节基于异质性分析结果对基准结果展开进一步分析。

如图 4.6 所示，本研究讨论了高铁开通对农业劳动力的影响是否会因不同类型的区县而不同。异质性分析虽然没有因果解释，但有助于我们理解高铁开通对农业劳动力产生影响的渠道。

第一，本研究讨论了在东、中、西部地区高铁开通对农业劳动力的影响是否存在一定的差异。从本研究的结果可以发现，高铁开通的效果在东、中、西部地区呈现出明显的异质性[①]，不同区域的资源禀赋差异在一定程度上造成了高铁开通对农业劳动力的不同影响。从结果中可以发现：

---

① 在这里，东、中、西部的划分标准来自中国国家统计局。其中东部包括北京市、天津市、上海市、辽宁省、河北省、江苏省、福建省、浙江省、山东省、海南省、广东省11个省（市）；中部包括山西省、吉林省、黑龙江省、安徽省、江西省、河南省、湖北省、湖南省8个省；西部包括广西壮族自治区、内蒙古自治区、四川省、重庆市、云南省、贵州省、西藏自治区、甘肃省、陕西省、宁夏回族自治区、青海省、新疆维吾尔自治区12个省（区、市）。

中部的劳动力并没有显著的流失，东部和西部的劳动力流失程度差不多，但是东部的影响更加显著。

第二，本研究讨论了县级行政单位在不同地理特征下的影响。本研究分别讨论了到省会城市的距离远近、到北上广城市的距离远近的影响异质性。本研究发现到省会城市的距离近的县级行政单位具有先天的地理优势。省会城市一般是本省经济、资源和技术最突出的城市，高铁的开通可以使省会城市的经济、资源和技术更有效地流动到距离相对较近的地方，进而促使了当地原先从事农业的家庭发生结构性的改变，显著增加了这些家庭选择外出务工的概率，所以高铁开通使得距离本省省会城市距离较近的"高铁县"的农业劳动力流失显著。同样地，北上广地区是我国最具资源和科技优势的地方，高铁开通后距离北上广越近的"高铁县"越容易受到北上广地区"拉力"效应的影响；同时，西部是农业劳动力外出打工的主要区域，距离北上广越远的地方越容易前往北上广地区务工。

第三，本研究检验了县级行政单位的历史特征是否会对农业劳动力产生不一样的影响。首先，明朝驿站的建成并不容易，在那个年代物质极其匮乏，同时技术落后，因此修建过程更多依赖于地质、政治等外部条件。本研究从哈佛大学 WorldMap 中提供的明朝驿站数据①，通过 ArcGIS 将此数据和本研究的县级数据匹配（步晓宁 等，2019；张军 等，2021）。本研究发现在历史上出现明朝驿站的地方，农业劳动力并不会受高铁开通的影响，反而没有明朝驿站的地方高铁开通的影响更加显著。这也比较容易被大家所理解，高铁开通带来了额外的交通便利，有效地促进了当地的农业发展。其次，本研究讨论了畜牧大县的作用，该地如果是畜牧大县同时开通了高铁，表明当地具有一定的产业，劳动力在当地更容易得到务工机会或有经济收入来源；然而非畜牧生产大县缺乏产业和经济收入来源，劳动力更容易受到高铁开通带来的交通便利"推力"效应外出务工，导致非畜牧生产大县的劳动力流失更为严重。最后，本研究讨论了粮食生产大县的异质性影响，与畜牧大县一样，粮食生产大县的集中优势更加明显，高铁开通导致非粮食生产大县的农业劳动力显著流失约 10%。

---

① 该数据在哈佛大学的世界地图中提供，同时该数据由 Merrick Lex Berman 提供，也能从 Merrick Lex Berman 的个人网站获取，详见 https://www.dbr.nu/data/。下同。

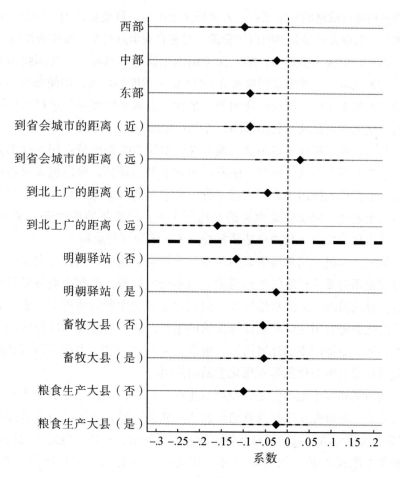

图 4.6 异质性分析

4.7 进一步讨论

基准回归的被解释变量为农业（农林牧渔业）劳动力，本研究讨论了交通基础设施改善对农业劳动力的影响。进一步我们讨论，高铁的开通是否同样会影响其他农业投入要素的使用呢？如果有影响，影响是多大呢？

4.7.1 另一种主要的农业生产投入要素：土地

土地是我国最基本的自然资源，是粮食安全的重要载体，同时也是我国实现乡村振兴战略的坚定基石。万物皆为土中生，耕地是人类食物最根本的源头，是农业发展最基础的自然资源，对粮食安全具有至关重要的作用。

第一，中国人多地少，第三次全国国土调查数据显示，我国耕地面积约 19.18 亿亩，当前国家明确要守住 18 亿亩耕地的红线，即便如此，人均耕地仍不足 1.3 亩。所以，我国为满足食物需求必然要对外进口大量的农产品，这从侧面反映出我国面临巨大的耕地压力。

第二，中国耕地质量不高，现有耕地中约 70%是中低产田，这部分耕地的生产效率并不高。同时，随着城镇化水平的提高，耕地被大量占用或利用，虽然国家推出了如"占补平衡"等耕地补偿政策，但是很多情况下被占的土地属于肥沃耕地而补的是边际土地，导致耕地质量进一步下降。随着城市化的发展，我国耕地质量受到了一定程度的威胁。

第三，农民使用耕地带来的环境风险加剧，化肥、农药等农用化学品的过度使用造成了严重的生态污染。但本研究发现，虽然交通基础设施的建设会导致沿线地区的耕地减少，但在保证农业生产的前提下，农民并没有使用化肥等农用化学品来促进作物的生长，这说明交通基础设施的建设并不会造成更加严重的环境污染。根据表 4.18 的结果，我们可以发现高铁的开通并没有增加化肥等农用化学品的使用。

众所周知，土地不仅是人类赖以生存的根本，同时还是农业生产关键投入要素。本研究发现高铁开通导致"高铁县"的农业劳动力显著降低了 7.2%。农业劳动力虽然是农业生产投入要素的重要一环，但是土地同样也是农业生产投入要素的重要一环，其是否也会受到高铁开通的影响呢？Kasraian et al.（2016）的研究表明交通基础设施的建设会对土地利用产生影响，本研究进一步讨论了高铁开通对当地耕地面积变化的影响①。如表 4.16 所示，本研究发现高铁显著减少了 4.4%的耕地面积。同时，本研究发现总播种面积也有类似的影响②。

---

① 限于篇幅，本研究并没有在这里对高铁开通与耕地面积的关系进行细致的讨论。但本研究在附录 1 中还是提供了高铁开通对耕地面积影响的事件分析法估计结果，一方面提供平行趋势检验，为 DID 的估计方法提供支撑，另一方面也提供了该问题的动态时间趋势，以便于讨论高铁的持续性影响。如附录 1 所示，-2 这个时点是显著的，可以说明高铁开通前耕地就开始显著减少了，这一发现与现实保持一致，在高铁开通之前就需要向当地政府或农民征地来修建高铁、高铁站及周边配套设施。

② 总播种面积的回归结果见附录 2。

表4.16 高铁开通对耕地面积的影响

	Log（耕地面积）			
	（1）	（2）	（3）	（4）
HSR$_{ct}$	-0.037 2**	-0.034 6*	-0.035 2*	-0.044 3**
	(0.018 5)	(0.019 9)	(0.018 0)	(0.018 1)
气象条件变量	Y	Y	Y	Y
县域固定效应	Y	Y	Y	Y
年份固定效应	Y	Y	Y	Y
省份-年份固定效应		Y	Y	Y
农业控制变量			Y	Y
事前特征变量				Y
Observations	23 130	23 130	23 130	23 130
R-squared	0.947 0	0.955 3	0.964 1	0.964 3

注：所有回归与基准结果表4.3保持一致。括号中的数值表示在区县和市-年层面上双重聚类的标准差，＊、＊＊、＊＊＊分别表示在10%、5%和1%的水平下显著。

4.7.2 其他投入要素：机械

农业机械化对于我国实现农业现代化起到了重要的作用，不仅有助于推动农业技术的发展，还是我国实现乡村振兴的关键力量与技术支撑（张宗毅 等，2018；刘春香，2019），农业机械化对农业发展起到了至关重要的作用。江泽林（2018）的研究表明，农业机械化水平的提高可以通过升级农业机械装备来促进农业生产技术的进步，使生产力进一步得到释放，更好地保证我国农业经济持续稳定增长。

表4.17汇报了高铁开通对机械总动力的影响，结果表明高铁开通对机械总动力并没有显著的影响。在第6章，本研究发现高铁开通对农业总产值同样没有显著的影响，在劳动力流失和耕地减少的前提下，机械的投入并没有显著减少，并没有进一步威胁农业总产出及粮食安全。

表4.17 高铁开通对机械总动力的影响

	Log（机械总动力）			
	（1）	（2）	（3）	（4）
HSR$_{ct}$	-0.082 6**	-0.048 6	-0.038 3	-0.032 8
	(0.033 0)	(0.031 1)	(0.031 1)	(0.031 3)

表4.17(续)

	Log（机械总动力）			
	（1）	（2）	（3）	（4）
气象条件变量	Y	Y	Y	Y
县域固定效应	Y	Y	Y	Y
年份固定效应	Y	Y	Y	Y
省份-年份固定效应		Y	Y	Y
农业控制变量			Y	Y
事前特征变量				Y
Observations	22 789	22 789	22 789	22 789
R-squared	0.925 8	0.933 4	0.933 9	0.934 1

注：所有回归与基准结果表4.3保持一致。括号中的数值表示在区县和市-年层面上双重聚类的标准差，＊、＊＊、＊＊＊分别表示在10%、5%和1%的水平下显著。

4.7.3 其他投入要素：农用化学品

伴随着我国城镇化、工业化和农业现代化的快速发展，我国的耕地资源受到严重的冲击（田春和李世平，2010），农用化学品的大量使用已经成为我国当前耕地生态保护所面对的现实难题（朱道林 等，2014）。当前，我国不仅是世界上最大的农用化学品的生产国，同时也是最大的农用化学品的消费国，并且也是世界上农用化学品的使用强度最大的国家之一。农用化学品的过度使用，会导致大量的化学残留，不仅污染水体质量，同时还会降低粮食品质（唐丽霞和左停，2008），此外还会严重威胁到人畜的饮水安全（Chen et al.，2014），对人类的生命健康也会产生安全隐患（Gu et al.，2015）；还会降低土壤生物活性、破坏土壤结构和造成土壤污染（杨林生 等，2016；高晶晶 等，2019；丛晓男和单菁菁，2019），成为制约我国农业可持续发展、农业现代化和保障粮食安全的掣肘（Wu et al.，2018；郑淋议 等，2021）。农业农村部关于耕地质量的调查——《2019 年全国耕地质量等级情况公报》显示，评价为 1~3 等的优质耕地面积占耕地总面积的比例不足 32%，约 22% 的耕地处在最低的等级，我国耕地仍存在生态保护不力等问题①。表4.18 汇报了高铁开通对以化肥施用量的影响，结果表明高铁开通对化肥施用量的影响并不太显著。在第6章，本研究发现高铁开通对农业总产值同样没有显著的影响，在劳动力流失和耕地减少的前提下，同样地，化肥的投入也没有显著减少，并没有进一步威胁农业总产出及粮食安全。

表4.18 高铁开通对化肥施用量的影响

	Log（化肥施用量）			
	（1）	（2）	（3）	（4）
HSR_{ct}	-0.047 4*	-0.028 0	-0.023 1	-0.042 8*
	(0.027 8)	(0.024 4)	(0.024 2)	(0.023 0)
气象条件变量	Y	Y	Y	Y
县域固定效应	Y	Y	Y	Y
年份固定效应	Y	Y	Y	Y
省份-年份固定效应			Y	Y
农业控制变量			Y	Y
事前特征变量				Y
Observations	22 931	22 931	22 931	22 931
R-squared	0.947 2	0.953 5	0.953 6	0.954 1

注：所有回归与基准结果表4.3保持一致。括号中的数值表示在区县和市-年层面上双重聚类的标准差，*、**、***分别表示在10%、5%和1%的水平下显著。

4.8 本章小结

首先，本章分析了交通基础设施建设对农业劳动力等农业主要投入要素的影响。研究发现，高铁开通能够显著减少"高铁县"的农业劳动力，非农转移了约7.2%的农业劳动力，同时耕地面积显著流失了近4.4%。通过排除溢出效应、变换回归样本、调整气象条件变量、调整标准差的聚类

①　中华人民共和国农业农村部. 2019年全国耕地质量等级情况公报发布[EB/OL]. (2020-05-12)[2022-03-01]. http://www.moa.gov.cn/xw/zwdt/202005/t20200512_6343750.htm.

方式、调整区域的时间趋势效应、考虑非关键地区的影响和安慰剂检验等方式进行稳健性检验后，我们发现这一结论依然成立。此外，异质性分析的结果表明，高铁开通对农业劳动力流失的影响主要体现在东、西部地区、距离本省省会城市更近的地区、偏远地区（距离北上广更远的地方）和农业产业比较优势较弱的地区（非粮食生产大县和非畜牧大县）。

根据本研究的研究结论，我们给出了以下三点政策思考：

第一，交通基础设施通过降低流动成本，可能会导致人口流动加快，从而改变区域人口的空间分布，可能为我国未来的经济结构转型与经济增长提供动力。

第二，建设交通基础设施所带来的非农产业发展与流动成本下降，可能导致当地农村的农业劳动力大规模流失，特别是在我国的东、西部地区，距离本省省会城市更近的地区，偏远地区（距离北上广更远的地方）和农业产业比较优势较弱的地区（非粮食生产大县和非畜牧大县），可能导致某些西部区县出现农村人口空心化、农地抛荒等问题，各级政府在制定与落实相关政策时可以综合考量以上问题。

第三，以高铁为大动脉的中国综合交通运输体系为我国乡村振兴提供了坚实基础，交通基础设施的建设必然会带动城镇化的进一步加快，农业劳动力的流失是必然，但农业劳动力流失并不一定导致我国的农业产出及粮食安全受到威胁，因此政府需要制定相关的政策来促进当地农业技术的发展，进而保证当地农业生产不受影响。

5 交通基础设施建设对农业生产效率的影响

5.1 概述

在实施乡村振兴战略的大背景下，提高农业发展中的农业全要素生产率（TFP）是我国实现农业产业振兴的关键，也能为我国实现农业现代化和推动农业高质量发展提供重要抓手（洪银兴 等，2018）。在城镇化的进程中，土地、劳动力等农业投入要素会逐渐流失，而提高农业全要素生产率是未来很长一段时间内是保障农业生产稳定及粮食安全的重要途径（李翔和扬柳，2018）。如何提高农业的生产效率已经成为我国加快推进农业经济转型、农业现代化、农业可持续发展、农业产业振兴等战略关键（陈明和李文秀，2018；薛超 等，2020）。

早在 2008 年，世界银行就指出发展农业是可持续发展和减少贫困的基本途径，是实现联合国、国际组织、大多数国家发展目标的重要工具。在发展中国家，每 4 个穷人只有 1 个穷人没有生活在农村，剩下的穷人都直接或间接地依赖农业维持生存，因此，促进农业增长可以消除贫困、缩小城乡差距、保障粮食安全，并为其他产业的发展提供物质保障①。农业的增长主要有两个途径，一是农业生产要素的投入增加，二是农业全要素生产率及农业生产技术的提高。当前，我国面临着生产要素和环境承载力的硬约束，我国农业增长面临着严峻挑战，通过提升农业全要素生产率的方

---

① 世界银行. 2008 年世界报告：以农业促发展［EB/OL］.（2006－09－25）［2022－03－01］. https://openknowledge. worldbank. org/bitstream/handle/10986/5990/WDR%202008%20overview%20Ch. pdf.

式来推动农业增长与高质量发展成为唯一可行且可持续的办法。

我国坚持施行粮食自给自足政策，确保谷物基本自给、口粮绝对安全是国家的底线要求，并且我国的经济活动也需要优先保障农业生产。农业生产效率的提高，不仅能够减少劳动、土地、化肥和农业机械等生产要素的投入，同时也能够为我国的第二、三产业提供更多资源要素的保障与供给，有助于我国整体经济结构的升级及乡村振兴战略的实施。农业生产率的提高对大多数国家的农业增长都具有重要意义（Foster & Rosenzweig，2004）。自20世纪50年代起，学者们开展了大量关于农业生产效率的研究（Coelli & Rao，2005；Chen et al.，2008；Jin et al.，2010；龚斌磊，2020）。交通基础设施的建设一直被认为是农业发展的前提条件，20世纪70年代西方国家的农业停滞唤起了发展经济学对交通基础设施建设的重视（吴清华 等，2014）。Aschuer（1989）认为美国生产率下降的原因在于交通基础设施投资的减少，并估计得到美国交通基础设施对经济增长的产出弹性为0.39。因此，对交通基础设施建设如何影响农业生产效率的研究，具有重大的理论和现实意义

少部分文献关注了交通基础设施的建设对农业生产率的影响。Teles 和Mussolini（2012）基于拉丁美洲的研究表明交通基础设施建设对提高农业生产率具有积极的影响。李涵等（2020）的研究表明高速公路的开通有利于提高农业劳动生产率。王亚飞等（2020）以中国长三角地区城市层面的数据讨论了高铁对农业全要素生产率的影响，研究表明高铁开通对沿线城市农业全要素生产率增长具有显著的促进作用。

对现有文献进行梳理后发现，研究者对公路等其他交通基础设施对农业发展的影响进行了广泛的研究，但从农业生产效率的角度研究高铁对农业生产的贡献的研究却鲜有涉及。本研究借鉴自然实验的思想，将高铁开通作为一项"准自然实验"，基于2002—2015年全国的县级数据，对高铁开通的农业全要素生产率增长效应进行理论分析和经验研究，从而加深人们对农业增长推动因素的理解。在国家推行乡村振兴战略的大背景下，交通和农业是乡村振兴道路上的关键基础，交通基础设施建设对农业生产效率的研究显得格外重要。

本章的结构安排如下：5.2节是理论分析，5.3节是研究设计与数据说明，5.4节是实证结果及分析，5.5节是稳健性检验，5.6节是异质性分析，5.7节是影响机制分析，5.8节是进一步分析，5.9节是本章小结。

5.2　理论分析

5.2.1　农业全要素生产率的测算

在研究交通基础设施建设与农业全要素生产率间的关系之前，我们需要清楚农业全要素生产率的计算过程。文献中对全要素生产率的测算主要分为非参数方法和参数方法。非参数方法常用数据包络分析（Data Envelope Analysis，简称 DEA）来计算全要素生产率。而参数方法以随机前沿方法（Stochastic Frontier Approach，简称 SFA）为代表。两种方法各有好处，DEA 的方法适用于多种投入多种产出的投入产出问题，而 SFA 所构造的生产前沿面是随机的，该方法不仅可以区分随机扰动项和技术非效率的影响，还可以通过非效率方程进一步分析技术非效率的影响因素。由于本研究是基于县级层面的微观数据开展的研究，综合考量到不同县级行政单位之间存在的随机性差异，因此本研究更倾向于采用随机前沿生产函数方法来计算农业全要素生产率。另外，在农业生产过程中，农业生产要受温度、降雨与虫害等不确定性因素的影响，同时农业生产中各环节的相关数据难以准确测量导致数据自身存在一定程度的测量误差，正是因为不确定性因素与测量误差对农业生产的影响，我们在测算农业全要素生产率时，SFA 相较于 DEA，能够通过模型中的随机扰动项缓解不确定性因素与测量误差对测算农业全要素生产率的干扰。此外，龚斌磊（2022）认为在测算农业全要素生产率时，SFA 不仅从理论上更优于 DEA 的方法，同时在实证的经验上 SFA 测算得到的农业全要素生产率也比 DEA 更加准确和稳健[①]。因此，本研究拟采用 SFA 的方法来测算县级层面的农业全要素生产率。

由 Aigner et al.（1977）以及 Meeusen 和 Van Den Broeck（1977）提出的 SFA 是估算 TFP 的一种流行方法（Campbell & Hand，1998；Sherlund et al.，2002；Bos et al.，2010；Jin et al.，2010；Gong，2018）。本研究考虑 SFA 形式中的随机前沿模型为 Cobb-Douglas 函数：

$$y_{it} = \alpha + \beta_1 lr_{it} + \beta_2 ld_{it} + \beta_3 fr_{it} + \beta_4 my_{it} + \lambda_t - \mu_{it} + v_{it} \qquad (5-1)$$

---

① 在测算农业全要素生产率时，关于 SFA 更优于 DEA 方法的实证经验证据还可以参考 Headey et al.（2010）和 Rezek et al.（2011）的研究。

其中，y_{it} 是农业产出变量，lr_{it}、ld_{it}、fr_{it} 和 my_{it} 表示各种农业投入要素，分别代表劳动力、耕地、化肥和机械，均取对数形式。农业全要素生产率（对数形式）可以写为：$tfp_{it} = \alpha + \lambda_t - \mu_{it}$，$\alpha$ 是截距，λ_t 为时间固定效应（衡量科技进步导致生产前沿面随时间的变动，常常利用时间虚拟变量或者时间的二次项予以控制），μ_{it} 为技术效率（表示不同地区技术效率缺失），v_{it} 表示随机扰动项。

本研究遵循 Battesea 和 Coelli（1992）、Gong 和 Sickles（2020）以及 Chen 和 Gong（2021）的方法，假设效率 μ_{it} 随时间改变，且 $\mu_{it} = \exp[-\eta(t-T)]\mu_i$，其中 μ_i 服从非负的截断正态分布。本研究称该模型为 BC92 模型。Cornwell et al.（1990）假设个体效应 μ_{it} 是一个关于时间的二次方程，即 $\mu_{it} = \theta_{i1} + \theta_{i2}t + \theta_{i3}t^2$，并利用广义最小二乘法进行估计，本研究称之为 CSS 模型。

本研究采用了几种方法来检查生产函数和 TFP 估计的稳健性。首先，本研究采用 Sheng et al.（2019）的方法，对生产函数的规模收益不变（Constant Returns to Scale，简称 CRS）假设进行了放宽。其次，本研究遵循 Gong（2020）的方法，利用柯布—道格拉斯（Cobb-Douglas，简称 CD）传统生产函数（Conventional Production Function，简称 CPF）推导 TFP，并与随机前沿模型的估计结果进行比较。最后，本研究还采用了超越对数（Translog，简称 TL）生产函数（Christensen et al.，1973；Wang et al.，2016）来替代柯布—道格拉斯生产函数。超越对数随机前沿模型（TL-SFA）有以下形式：

$$
\begin{aligned}
y_{it} = {} & \alpha + \beta_1\,lr_{it} + \beta_2\,ld_{it} + \beta_3\,fr_{it} + \beta_4\,my_{it} + \beta_5\,lr_{it}^2 + \beta_6\,ld_{it}^2 + \beta_7\,fr_{it}^2 \\
& + \beta_8\,my_{it}^2 + \beta_9\,lr_{it}\,ld_{it} + \beta_{10}\,lr_{it}\,fr_{it} + \beta_{11}\,lr_{it}\,my_{it} + \beta_{12}\,ld_{it}\,fr_{it} \\
& + \beta_{13}\,ld_{it}\,my_{it} + \beta_{14}\,fr_{it}\,my_{it} + \lambda_t - \mu_{it} + v_{it} \quad\quad (5\text{-}2)
\end{aligned}
$$

5.2.2　理论框架

农业生产效率的提高必然离不开政府、市场和农户的作用。政府是农业生产最主要的经费、补贴和政策的来源，政府对于农业生产效率的提高起到了核心的主导作用。市场的积极配合起到了连通政府和农户的桥梁作用，市场还能够推动农业生产效率的进一步发展，市场作为先进农业技术的载体是农业生产效率提高的主要动力。此外，关于农业生产效率的提高的所有措施最后都要经过农户转化而成，如果没有农户参与到农业生产效率的提高过程中，再好的政策支持、经费补贴等都无济于事，农户是农业生产效率提高的主要参与者。因此，交通基础设施建设提升农业生产效率的机制中，政府引导是核心，市场推动是动力，农户参与是关键。交通基础设施建设能提高农业生产技术效率和配置效率，"政府之手""市场之手"和"农民之手"都起到了关键的作用。

政府引导是交通基础设施建设影响农业生产效率的核心因素。强化政府的资源配置力量和财政支持力度，不仅推进了我国提升农业生产技术、实现农业产业振兴与农业高质量发展；同时也是推动我国农村现代化和农村供给侧改革的内在动力，还是推进我国实现乡村振兴的客观需求。在我国，交通基础设施的投资建设及维护基本上都是由政府来主导完成的，高铁开通伴随着城镇化水平的提高，致使农业部门的劳动力、土地等投入要素大量流失，不利于农业生产效率的提高。所以，政府面向农业农村的资金支持显得格外重要，政府的财政支农经费将有助于弥补农业或农村部门投入要素流失过多的情况，还能提高农业生产的技术，给农业技术进步和技术效率的提高提供资金保障。

市场推动是交通基础设施建设影响农业生产效率的动力因素。市场推动是农业技术扩散、农业现代化及农业产业振兴的根本动力。高铁的开通可能会导致沿线地区的区域产业结构变迁及农业种植结构的调整（董晓霞等，2006）。一方面，高铁开通引发的经济集聚效应，有助于快速聚集要素资源，进而促进非农产业发展，同时非农部门发展也能带动农业部门的发展；另一方面，高铁开通缩短了生产地到消费中心地之间的时空距离，同时也会改变区域的人口集聚情况，改变当地的农业种植结构。

农户参与是交通基础设施建设影响农业生产效率的关键因素。农业产业振兴及农业现代化的成败在于农户是否能够自发且深度地参与到农业生产效率提高的实践。高铁开通以后，城镇化进程加快，由于流动成本降低，外出务工的农业劳动力数量增加。一方面，农民可以使用农机农具替代损失的劳动力；另一方面，城镇化带来的经济社会进步也能带来更加现代的农业生产技术。高铁开通还会带来流动优势，不仅可以使当地的农业技术人员"走出去"学习，同时还可以吸引外地的先进农业技术、知识及产品"走进来"带动当地的农业生产效率。因此，本研究可以从农机农具的使用情况和农业技术交流情况来观察交通基础设施建设对农业生产效率的影响。

交通基础设施在改善农业技术水平、推动农业产业振兴的过程中，政府、市场和农户都扮演着重要的角色。本研究发现高铁的开通对农业全要素生产率的促进作用主要来源于政府的支持、市场的作用、农业技术交流增加和农机农具的使用。具体的逻辑框架如图 5.1 所示。

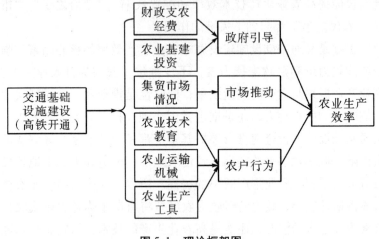

图 5.1　理论框架图

5.3　数据、变量与描述性统计

5.3.1　数据说明

本部分研究所涉及的数据来源包含以下数据：①高铁开通时间和线路的数据来源于中国铁路总公司、国家铁路局等新闻报道和公告、哈佛大学中国地图网页；②县级层面的农业相关变量来自于《农业农村部县级农作物数据库》，该数据来源于国家统计局；③县级层面的气象条件变量来自于中国气象局气象数据共享平台；④其他经济及区县特征控制变量由各省统计年鉴等年鉴；⑤坡度数据来自于 ASTER Global Digital Elevation Model V003 提供的数据计算所得；⑥距离数据（到省界、省会、北上广的距离）基于国家地理信息公共服务平台提供的中国地图（2019 版）采用 ArcGIS 计算所得；⑦明朝驿站数据来自于 Merrick Lex Berman 的个人网站。

由于普遍认为中国内陆开通的第一条高铁是 2008 年开通的京津城际铁路，同时本研究的《农业农村部县级农作物数据库》截止到 2015 年，并且 2002 年是我国加入 WTO 的重要年份，因此本研究选用 2002—2015 年作为本研究的时间区间。此外，气象数据和农业数据存在数据尺度上的差异，因此本研究对数据作了如下处理：

本研究对气象数据与县级农业数据进行了匹配，具体匹配过程如下：①根据气象台站的经纬度数据确定其所处省市县及县代码，用经纬度数据作为匹配变量，县代码作为匹配后的数据核对与校准；②利用 ArcGIS 计算农业数据中各区县（含县代码）对应的县中心经纬度；③根据经纬度计算每个农业数据提供的县到每一个气象台站点的距离，选取各县最近的气象台站点数据作为该县的气象数据。至此，本研究构建了一个详细的中国农业数据——气象变量的县级层面日度的面板数据集[①]。

关于投入产出的变量选择：在产出方面，本研究以 1980 年的不变价格来计算的县级农业（农林牧渔业）总产值视作农业的产出变量；在投入方面，本研究使用劳动、土地、化肥和农机作为主要的农业投入变量。具体的，本研究用农业（农林牧渔业）劳动力表征劳动投入变量，用年末实有耕地面积表征土地投入变量，用农用化肥施用折纯量表征化肥投入变量，用农业机械总动力表征农机投入变量。

5.3.2 描述性统计分析

表 5.1 2002—2015 年县级农业数据统计描述

变量	单位	样本量	均值	标准差	最小值	最大值
高铁连通县（2002—2015 年）						
农业全要素生产率	—	3 769	0.67	0.42	0.08	5.46
农业总产值	亿元	3 769	5.79	4.46	0.21	40.09
农业劳动力	万人	3 769	13.69	9.32	0.11	74.10
耕地面积	万公顷	3 769	4.19	3.64	0.09	39.10
机械总动力	万千瓦	3 769	36.10	32.53	0.18	341.66
农用化肥施用折纯量	万吨	3 769	2.83	4.30	0.00	104.00
年平均气温	℃	3 769	15.72	4.51	2.88	25.99

---

① 此外，本研究还考虑了采用 idw（反距离加权插值）方法得到的气象数据。对于某个县级单位中有多个气象台站的情况，本研究取多个台站的平均值作为这个县级单位的气象数据；对于某个县级单位没有台站，选取最近的气象台站点作为该县气象数据。以上两种办法得到的气象数据，进行回归得到的结果依然稳健。

表5.1(续)

变量	单位	样本量	均值	标准差	最小值	最大值
年累积降水量	厘米	3 769	976.97	48.91	711.09	1 017.10
年平均风速	米/秒	3 769	2.11	0.65	0.83	6.51
年平均相对湿度	%	3 769	51.32	30.06	3.60	84.21
年平均大气压力	百帕	3 769	111.79	52.81	1.03	292.18
年日照时数	小时	3 769	1 859.02	485.98	738.56	3 444.05
有效灌溉面积	万人	3 769	2.61	2.04	0.02	17.65
乡镇企业职工人数	万人	3 769	11.84	15.06	0.04	212.60
人均收入	万元	3 769	0.53	0.28	0.10	2.15
机耕地面积	万公顷	3 769	3.16	3.68	0.00	33.25
高铁未连通县（2002—2015年）						
农业全要素生产率	—	18 049	0.54	0.70	0.06	22.75
农业总产值	亿元	18 049	4.15	4.20	0.01	75.11
农业劳动力	万人	18 049	12.71	10.54	0.00	158.18
耕地面积	万公顷	18 049	4.59	4.36	0.01	49.83
机械总动力	万千瓦	18 049	34.73	43.35	0.01	995.93
农用化肥施用折纯量	万吨	18 049	2.48	3.85	0.00	91.99
年平均气温	℃	18 049	13.59	4.90	−3.62	25.24
年累积降水量	厘米	18 049	940.97	82.26	581.28	1 017.62
年平均风速	米/秒	18 049	2.04	0.62	0.27	7.85
年平均相对湿度	%	18 049	48.58	28.91	3.14	87.81
年平均大气压力	百帕	18 049	87.42	46.34	1.00	282.82
年日照时数	小时	18 049	2 035.37	521.87	754.67	3 519.33
有效灌溉面积	万人	18 049	2.34	2.39	0.00	28.26
乡镇企业职工人数	万人	18 049	6.94	10.84	0.00	232.36
人均收入	万元	18 049	0.40	0.24	0.00	2.95
机耕地面积	万公顷	18 049	3.45	4.57	0.00	55.84

注：数据来源为《农业农村部县级农作物数据库2002—2015》、《中国气象局气象数据共享平台2002—2015》和《各省统计年鉴2002—2015》。

本研究利用县级层面的农业数据来估计农业投入产出关系，测算并分析比较 2002—2015 年各区县农业全要素生产率的变化情况。农业全要素生产率的计算是采用 Cobb-Douglas 随机前沿模型和规模收益不变条件（CD-SFA-w/CRS）的结果，其中个体效应本研究定义为：BC92 模型，其模型中关于 μ_{it} 的设定形式为 $\mu_{it} = \exp[-\eta(t-T)]\mu_i$，本研究将该模型是基准模型。表 5.1 报告了所有变量的数据描述统计，对比"高铁县"和"非高铁县"的农业全要素生产率情况，我们可以看到"高铁县"的农业全要素生产率的均值为 0.67，略高于"非高铁县"对应的 0.54。

此外，本研究还对样本进行区域的划分。如图 5.2 所示，我们可以发现东部的农业全要素生产率几乎没有太大的变化，呈现出缓慢的增长趋势，而中西部地区的农业全要素生产率都有所下降。

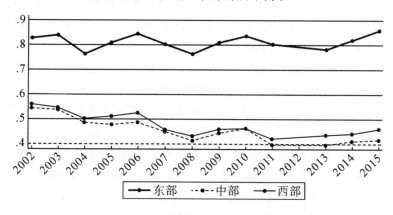

图 5.2 东、中、西部平均生产效率的年度变化情况（2002—2015 年）①

5.3.3 平行趋势检验

双重差分方法使用前有一重要假定，即对照组（"非高铁县"）和实验组（"高铁县"）存在共同的时间变化趋势（Card & Krueger，2000）。为此，本研究根据 Autor et al.（2007）的方法，通过事件研究的估计方法来检验对照组与实验组之间的平行趋势，同时事件研究的方法还有助于观

---

① 在这里，东、中、西部的划分标准来自中国国家统计局。其中东部包括北京市、天津市、上海市、辽宁省、河北省、江苏省、福建省、浙江省、山东省、海南省、广东省 11 个省（市）；中部包括山西省、吉林省、黑龙江省、安徽省、江西省、河南省、湖北省、湖南省 8 个省；西部包括广西壮族自治区、内蒙古自治区、四川省、重庆市、云南省、贵州省、西藏自治区、甘肃省、陕西省、宁夏回族自治区、青海省、新疆维吾尔自治区 12 个省（区、市）。

察政策效果的持续动态影响。具体的模型设定如下：

$$\ln Y_{ct} = \alpha + \sum_{\tau=2}^{q} \beta_{-\tau} \, \mathrm{HSR}_{c,\,t-\tau} + \sum_{\tau=0}^{m} \beta_{+\tau} \, \mathrm{HSR}_{c,\,t+\tau} +$$
$$\delta X_{ct} + \mu_c + \lambda_t + \mathrm{prov}_c \times \lambda_t + \varepsilon_{ct} \qquad (5\text{-}3)$$

其中，$\ln Y_{ct}$ 为 c 县在第 t 年的农业全要素生产率的对数值。α 为常数项。假设 c 县在第 t 年开通高铁则 $\mathrm{HSR}_{ct} = 1$，未开通则 $\mathrm{HSR}_{ct} = 0$，HSR_{ct} 表示高铁开通状况和开通年份的交互项，是本研究主要关注的解释变量，对应的系数 β 是本研究感兴趣的核心参数，其度量了高铁开通对农业全要素生产率的影响。X_{ct} 为其他随时间变化且可能对被解释变量有影响的特征，如气象条件变量、农业控制变量、事前特征变量。μ_c 为县级层面的哑变量，用来控制所有县级层面不随时间变化而变化的因素对估计结果的影响，比如每个县不可观测的地理、文化等特征。λ_t 为各个年份的哑变量，用来控制所有时间层面产生的宏观冲击对估计结果的影响，比如可能对开通高铁有影响的中央政府宏观政策等其他外生冲击。

由于本研究开展高铁研究的时间窗口限制，本研究选择了 $q=8$、$m=5$ 的时间窗口，分别衡量高铁开通前第 8 期和开通后第 5 期。其中，$\beta_{-\tau}$ 为高铁开通前的估计系数，这一系列系数的显著程度决定了本研究是否能通过平行趋势检验；而 $\beta_{+\tau}$ 表示高铁开通后的估计系数，这一系列系数是否显著为零可以判断高铁的开通与农业全要素生产率之间的因果关系，同时 $\beta_{+\tau}$ 还能够反映高铁开通对农业总产值的持续动态效果（Granger，1969）。

本研究将高铁开通前 8 年以上的各期合并到第 8 年、开通后 5 年以上的各期合并到第 5 年，并以高铁开通前第 1 年（$\tau=-1$）作为基期。图 5.3 给出了基于模型（5-3）进行事件分析的实证结果。如图 5-3 所示，高铁开通之前（$\tau=-2$ 及其之前）的结果在零值附近且不显著，意味着本研究的处理组和对照组通过了平行趋势检验。同时，高铁开通之后（$\tau=0$ 及其之后）的结果显著不为零，且呈现出持续上升的态势，这部分结果反映高铁的开通对"高铁县"的农业全要素生产率产生了持续的显著影响。

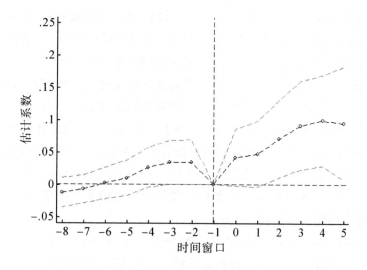

图 5.3 事件研究估计结果

注：空心圆圈代表点估计，虚线代表 95% 的置信区间。

5.4 模型设定与基准结果

5.4.1 实证模型设计

本研究利用县级层面高铁开通的准自然实验，试图回答高铁的开通对农业全要素生产率的影响，研究采用多期双重差分（DID）法，具体采用如下模型进行估计：

$$\ln Y_{ct} = \alpha + \beta\,\mathrm{HSR}_{ct} + \delta\,X_{ct} + \mu_c + \lambda_t + \varepsilon_{ct} \tag{5-4}$$

其中各变量与模型（5-3）保持一致，$\ln Y_{ct}$ 为 c 县在第 t 年的农业全要素生产率的对数值。α 为常数项。假设 c 县在第 t 年开通高铁则 $\mathrm{HSR}_{ct} = 1$，未开通则 $\mathrm{HSR}_{ct} = 0$，HSR_{ct} 表示高铁开通状况和开通年份的交互项，是本研究主要关注的解释变量，对应的系数 β 是本研究感兴趣的核心参数，其度量了高铁开通对农业全要素生产率的影响。X_{ct} 为其他随时间变化且可能对被解释变量有影响的特征变量，如气象条件变量：平均气温，降雨量，日照时数，平均风速，平均相对湿度和平均大气压力；农业控制变量：灌溉率，乡镇企业职工人数（对数值），人均收入（对数值），机耕地面积（对数值）。事前特征变量：是否为贫困县、坡度大小和距离本省省界的距离（均与时间交乘）。μ_c 为县域固定效应，用县级层面的哑变量来表征，目的是控制所有县级层面不随时间变化而变化的因素对估计结果的影响，如各区县层面一些无法观测的地理、文化等因素。λ_t 为时间固定效应，用各个年份的哑变量来表征，目的是控制所有时间层面不随地区改变的宏观冲击对估计结果的影响，如对开通高铁可能产生影响的宏观政策等其他外生冲击。

我国经济发展在各个区域之间存在着不平衡，从而致使区域之间存在着政策倾向性等问题，与此同时这部分差异在某种程度上可能存在随时间变化的特征，进而对估计结果产生误差。在稳健性检验部分，本研究考虑了在基准模型（5-4）的基础上控制省份和年份的交互固定项（$\mathrm{prov}_c \times \lambda_t$），即采用如下模型进行估计：

$$\ln\mathrm{Output}_{ct} = \alpha + \beta\,\mathrm{HSR}_{ct} + \delta\,X_{ct} + \mu_c + \lambda_t + \mathrm{prov}_c * \lambda_t + \varepsilon_{ct} \quad (5\text{-}5)$$

高铁的选址和建设可能存在非随机性。各区县具有的各自无法观测的地理、文化等特征，可能会影响高铁线路设计部门及各级政府对高铁途径路线的选址。比如在山地、河流和耕地修建高铁需要建涵洞、架桥梁和向农民征地等，使得高铁的建造成本变高。这些无法观察的特征同样会影响各区县的农业生产，若不考虑这些特征变量，则可能因为存在着遗漏变量的问题，从而导致对研究结果产生影响，因为遗漏变量可能会产生内生性问题。所以，本研究采用固定效应 μ_c 的方式来一定程度上缓解该问题。

本研究认为采用县级层面的数据来讨论高对农业的影响具有以下几点好处：一是，区县层面的政府不太可能对高铁的修建与规划起决定性作用，而更多的决定权掌握在中央、省级甚至市级政府的手中（董晓芳和刘逸凡，2018）；二是，高铁的建设需要大量的资金，而县级政府由于财政能力薄弱，无法为高铁修建提供持续的资金来源，因此县级政府很难参与到高铁的修建过程中，因此我们可以认为县级层面的数据较市级、省级层面的数据而言外生性更强；三是，中央政府在规划高铁的路线时，首要考虑是连接大部分重要的城市，中途区县是否开通高铁可能更多的是出于连接大城市而随机偶然的选择。因此，本研究认为利用县级层面的高铁开通为准自然实验开展研究外生性更强（张俊，2017）。

5.4.2 基准结果

表 5.2 是基于模型（5-4）和（5-5）得到的高铁对农业全要素生产率影响的回归结果。所有回归的被解释变量是农业全要素生产率的对数

值，第（1）列至第（4）列均控制了区县固定效应、年份固定效应和气象条件变量。第（1）列只控制了区县固定效应、年份固定效应和气象条件变量。本研究的气象条件变量的包括：平均气温、降雨量、日照时数、平均风速、平均相对湿度和平均大气压力；其气象条件的控制方式为：某县某一天暴露于特定5℃温度区间（0~5℃、5℃~10℃、10℃~15℃、15℃~20℃、20℃~25℃、25℃~30℃、30℃~35℃及≥35℃）和累计降水量、风速、平均相对湿度、气压、日照时数的二次多项式。回归结果表明高铁的开通使得"高铁县"比"非高铁县"农业全要素生产率提高3.72%，且回归系数在5%的水平上显著。第（2）列在第（1）列的基础上同时控制了省份—年份固定效应，回归系数约为4.24%。考虑到当地农业相关的变量可能会影响农业全要素生产率的变化，第（3）列在第（2）列的基础上考虑了农业控制变量，包括：灌溉率、乡镇企业职工人数（对数值）、人均收入（对数值）、机耕地面积（对数值）。考虑农业相关的控制变量后，回归系数有所下降为4.06%。第（4）列在第（3）列的基础上考虑了事前特征变量（是否为贫困县、坡度大小和距离本省省界的距离）的影响，回归系数约为5.36%且在5%水平上显著。

表5.2　高铁开通对农业全要素生产率的影响

	Log（农业全要素生产率）			
	（1）	（2）	（3）	（4）
	CD-SFA-w/CRS	CD-SFA-w/CRS	CD-SFA-w/CRS	CD-SFA-w/CRS
HSR_{ct}	0.037 2**	0.042 4*	0.040 6*	0.053 6**
	(0.015 6)	(0.022 7)	(0.022 7)	(0.022 5)
气象条件变量	√	√	√	√
县域固定效应	√	√	√	√
年份固定效应	√	√	√	√
省份-年份固定效应	—	√	√	√
农业控制变量	—	—	√	√
事前特征变量	—	—	—	√
Observations	21 818	21 818	21 818	21 818
R-squared	0.877 4	0.894 9	0.896 7	0.897 2

注：第1~4列中的被解释变量是农业全要素生产率的对数。括号中的数值表示在区县和市-年层面上双重聚类的标准差，*、**、***分别表示在10%、5%和1%的水平下显著。

5.5　稳健性检验

本节主要通过修改农业全要素生产率的计算模型、排除溢出效应、变换回归样本、调整气象条件变量、调整标准差的聚类方式、调整区域的时间趋势效应、考虑非关键地区的影响和安慰剂检验等方式，来检验基准结果的稳健性。

5.5.1　修改农业全要素生产率的计算模型

本研究首先利用中国大陆县级层面的非平衡面板，估算了中国大陆地区 2002—2015 年的农业生产函数，并推导出农业全要素生产率。表 5-3 第（1）列显示的是 Cobb-Douglas 随机前沿模型在规模收益不变条件下（CD-SFA-w/CRS）的结果，其中个体效应为 BC92 模型的设定形式：$\mu_{it} = \exp[-\eta(t-T)]\mu_i$，该模型是基准模型。第（2）列至第（4）列报告了三类其他模型的测算结果，并以此检查基准模型的稳健性，分别包括超越对数（Translog）的随机前沿模型（规模收益不变）（TL-SFA-w/CRS），没有规模收益不变条件下的柯布—道格拉斯随机前沿模型（CD-SFA-w/oCRS），以及基于柯布-道格拉斯传统生产函数（Conventional Production Function）和规模收益不变条件下的全要素生产率（CD-CPF-w/CRS）。第（5）列包括超越对数（Translog）的随机前沿模型（规模收益不变），将 BC92 模型中的个体效应 $\mu_{it} = \exp[-\eta(t-T)]\mu_i$ 修改为 CSS 模型设定的形式：$\mu_{it} = \theta_{i1} + \theta_{i2}t + \theta_{i3}t^2$，计算全要素生产率（CD-CSS-w/CRS）。所有结果报告于表 5.3，结果表明替换农业全要素生产率估计方法后结论依然成立。

表 5.3　高铁开通对农业全要素生产率的影响

	Log（农业全要素生产率）				
	（1）	（2）	（3）	（4）	（5）
	CD-SFA-w/CRS	TL-SFA-w/CRS	CD-SFA-w/oCRS	CD-CPF-w/CRS	CD-CSS-w/CRS
HSR_{ct}	0.053 6**	0.028 5*	0.029 6*	0.051 6**	0.052 7**
	(0.022 5)	(0.016 3)	(0.016 8)	(0.024 5)	(0.022 5)
气象条件变量	√	√	√	√	√

	Log（农业全要素生产率）				
	（1）	（2）	（3）	（4）	（5）
	CD-SFA-w/CRS	TL-SFA-w/CRS	CD-SFA-w/oCRS	CD-CPF-w/CRS	CD-CSS-w/CRS
县域固定效应	√	√	√	√	√
年份固定效应	√	√	√	√	√
省份-年份固定效应	√	√	√	√	√
农业控制变量	√	√	√	√	√
事前特征变量	√	√	√	√	√
Observations	21 818	21 818	21 818	21 818	21 818
R-squared	0.897 2	0.967 5	0.964 8	0.881 7	0.898 6

注：所有回归与基准结果表5.2保持一致。括号中的数值表示在区县和市-年层面上双重聚类的标准差，＊、＊＊、＊＊＊分别表示在10%、5%和1%的水平下显著。

5.5.2 排除溢出效应

在该部分本研究主要报告剔除县级层面的溢出效应的结果。通常相邻区县之间距离相对较近，两地之间的交流较强。因此，本研究用三种办法来剔除高铁开通可能对农业全要素生产率的溢出效应，以得到更干净的处理效应。

首先，本研究计算每个区县（不含高铁站点县）距离最近高铁站点县的距离，剔除掉30公里范围内的区县（不含高铁站点县）样本，本研究认为距离高铁30公里范围内的区县更容易汲取到高铁开通带来的溢出效应。表5.4第（1）列报告了剔除30公里范围内溢出效应的结果，估计结果与基准结果保持一致。

表5.4 高铁开通对农业全要素生产率的影响

	剔除距高铁站点30km范围内的样本	剔除距高铁站点50km范围内的样本	剔除高铁途经县的样本
	（1）	（2）	（3）
	CD-SFA-w/CRS	CD-SFA-w/CRS	CD-SFA-w/CRS
HSR_{ct}	0.050 4＊＊	0.047 4＊＊	0.057 8＊＊
	(0.022 8)	(0.023 7)	(0.022 9)

表5.4(续)

	剔除距高铁站点 30km 范围内的样本	剔除距高铁站点 50km 范围内的样本	剔除高铁途经县的样本
	（1）	（2）	（3）
	CD-SFA-w/CRS	CD-SFA-w/CRS	CD-SFA-w/CRS
气象条件变量	√	√	√
县域固定效应	√	√	√
年份固定效应	√	√	√
省份-年份固定效应	√	√	√
农业控制变量	√	√	√
事前特征变量	√	√	√
Observations	19 617	15 883	19 693
R-squared	0.900 3	0.901 3	0.900 0

注：所有回归与基准结果表 5.2 保持一致。括号中的数值表示在区县和市-年层面上双重聚类的标准差，＊、＊＊、＊＊＊分别表示在 10%、5% 和 1% 的水平下显著。

其次，本研究拓宽溢出效应可能辐射的距离，采用 50 公里作为溢出效应的阈值。与剔除掉 30 公里范围内的区县（不含高铁站点县）样本所采用的方法一致，本研究同样地剔除掉 50 公里范围内的区县（不含高铁站点县）样本。一方面，本研究认为距离高铁 50 公里范围内的区县也能够汲取高铁开通带来的溢出效应；另一方面，其与 30 公里作为溢出效应的阈值设定互为稳健性检验，这样减少距离选择带来的误差。表 5.4 第（2）列报告了剔除 50 公里范围内溢出效应的结果，估计结果与基准结果保持一致。

最后，同一条高铁线路上的区县分为高铁站点县和高铁途经县，某高铁的开通可能对该条高铁线路上的高铁途经县产生相应的溢出效应。为了解决这一问题，本研究将与高铁站点县位于同一条高铁线路上的其他高铁途经县的样本剔除。表 5.4 第（3）列汇报了该结果，表明在剔除了高铁途经县的溢出效应的潜在影响后，估计结果依然与基准结果保持一致。

5.5.3 变换回归样本

该部分主要报告修改回归样本的结果。通常回归样本的变化一定程度上也会影响回归结果的系数大小及显著性；同时，部分样本不具有代表性，放入回归样本中也会影响回归的结果，比如：偏远地区的样本、经济发展太好的地区等。此外，不同的回归样本设定，有助于回答基准结果的稳健性。因此，本研究考虑以下几种方案来调整回归的样本，排除一些可能对结果产生影响的不好样本。

首先，2015年高铁开通的区县大部分时候都处在控制组，这些区县开通后的数据较少，使用全样本进行分析可能会使研究结果产生偏差。因此，我们在选取处理组时，如果将2015年开通高铁的县纳入其中，可能导致研究结果中对高铁开通效应的高估。所以，本研究假设2015年并没有开通高铁，将2015年开通高铁的县域样本剔除。剔除2015年开通高铁的样本后的结果报告于表5.5第（1）列，从中可以发现高铁开通对农业全要素生产率的影响几乎没有变化，与基准结果保持一致。

表5.5　高铁开通对农业全要素生产率的影响

	剔除2015年开通高铁的样本	剔除偏远省份	剔除北上广	剔除省会城市和直辖市	以2004-2015当作时间窗口
	（1）	（2）	（3）	（4）	（5）
	CD-SFA-w/CRS	CD-SFA-w/CRS	CD-SFA-w/CRS	CD-SFA-w/CRS	CD-SFA-w/CRS
HSR_{ct}	0.060 7**	0.051 4**	0.054 6**	0.046 6*	0.044 0**
	(0.024 3)	(0.022 8)	(0.022 6)	(0.025 5)	(0.020 4)
气象条件变量	√	√	√	√	√
县域固定效应	√	√	√	√	√
年份固定效应	√	√	√	√	√
省份-年份固定效应	√	√	√	√	√
农业控制变量	√	√	√	√	√
事前特征变量	√	√	√	√	√
Observations	20 888	19 962	21 796	19 690	17 759
R-squared	0.896 6	0.898 1	0.897 1	0.900 2	0.912 5

注：所有回归与基准结果表5.2保持一致。括号中的数值表示在区县和市-年层面上双重聚类的标准差，*、**、***分别表示在10%、5%和1%的水平下显著。

其次，云南、青海和西藏是我国相对比较偏远的省份，在 2015 年前这些偏远省份几乎没有高铁开通，因此本研究剔除了这些省份的样本并重新估计基准模型，表 5.5 第（2）列报告了相应结果，结果仍显示高铁开通对农业全要素生产率具有显著的影响。

再次，北京、上海和广州（北上广）是我国在政治、经济和教育等方面靠前的城市，这些样本也可能会干扰基准结果，同时这些城市很难找到合适的对照组，因此本研究将北上广从样本中剔除，表 5.5 中第（3）列报告了相应结果，结果仍显示高铁开通对农业全要素生产率呈现出显著的影响。省会城市和直辖市的样本同样也可能会干扰基准结果，因此本研究将省会城市和直辖市从样本中剔除，表 5.5 中第（4）列报告了相应结果，估计结果依然与基准结果保持一致。

再其次，本研究对样本的时间窗口进行了重新选择，本研究的基准回归的时间窗口为 2002—2015 年，因为 2002 年是我国加入 WTO 的重要年份。基于同样的考虑，本研究考虑把时间窗口调整为 2004—2015 年，因为从 2004 年开始中央一号文件开始持续关注农业，同时从 2004 年起农业税开始部分取消，因此该年份对于农业生产十分重要，对应的结果汇报在表 5.5 第（5）列中。

最后，考虑到被解释变量极端值的影响和数据收集过程中可能存在的偏误，本研究删除了被解释变量过大的 0.1% 和 0.5% 数据，分别在表 5.6 的（1）~（2）列中汇报，这样处理能在一定程度上排除异常值对基准结果的干扰。结果表明剔除极端值的部分数据不会改变高铁开通的影响。

表 5.6　高铁开通对农业全要素生产率的影响

	删尾处理 （0.1%）	删尾处理 （0.5%）
	（1）	（2）
	CD-SFA-w/CRS	CD-SFA-w/CRS
HSR_{ct}	0.053 3**	0.054 7**
	(0.022 4)	(0.021 9)
气象条件变量	√	√
县域固定效应	√	√
年份固定效应	√	√
省份-年份固定效应	√	√

表5.6(续)

	删尾处理 (0.1%)	删尾处理 (0.5%)
	(1)	(2)
	CD-SFA-w/CRS	CD-SFA-w/CRS
农业控制变量	√	√
事前特征变量	√	√
Observations	21 772	21 596
R-squared	0.892 4	0.889 1

注：所有回归与基准结果表5.2保持一致。括号中的数值表示在区县和市-年层面上双重聚类的标准差，*、**、***分别表示在10%、5%和1%的水平下显著。

5.5.4 调整气象条件变量

为了更精准地反映当地气象条件的影响，在基准回归中气象条件的控制方式包括：某县某一天暴露于特定5℃温度区间（0~5℃、5℃~10℃、10℃~15℃、15℃~20℃、20℃~25℃、25℃~30℃、30℃~35℃及≥35℃）和累计降水量、风速、平均相对湿度、气压、日照时数的二次多项式。因此，本研究对气象条件变量进行了调整，以便检验基准结果在不同气象条件设定下的稳健性。调整一，气象条件设定为温度、累计降水量、风速、平均相对湿度、气压、日照时数的一次项，结果汇报于表5.7的第（1）列；调整二，本研究将温度箱调整为温度的二次多项式，同时其他气象条件同样为二次多项式（包括温度、累计降水量、风速、平均相对湿度、气压、日照时数的二次多项式），对应的结果汇报于表5.7的第（2）列。结果表明，气象条件的调整并不会改变基准结果的结论。

表5.7 高铁开通对农业全要素生产率的影响

	线性气象条件 （无温度箱）	非线性气象条件 （无温度箱）
	(1)	(2)
	CD-SFA-w/CRS	CD-SFA-w/CRS
HSR_{ct}	0.052 8 **	0.052 8 **
	(0.022 6)	(0.022 5)
气象条件变量	√	√

表5.7(续)

	线性气象条件 （无温度箱）	非线性气象条件 （无温度箱）
	（1）	（2）
	CD-SFA-w/CRS	CD-SFA-w/CRS
县域固定效应	√	√
年份固定效应	√	√
省份-年份固定效应	√	√
农业控制变量	√	√
事前特征变量	√	√
Observations	21 818	21 818
R-squared	0.896 9	0.897 1

注：所有回归与基准结果表5.2保持一致。括号中的数值表示在区县和市-年层面上双重聚类的标准差，*、**、***分别表示在10%、5%和1%的水平下显著。

5.5.5 调整标准差的聚类方式

有研究表明标准误在不同层次上的聚类方式虽不会影响参数估计值的大小，但会影响估计结果的统计显著性。为排除主观选择聚类层次的干扰，本研究将聚类方式设定在县级层面。结果如表5.8的第（1）列所示，关注变量系数的大小及显著性与基准结果基本一致，从而验证了基准结果的稳健性。同样的，本研究将聚类方式设定在县级和省-年层面的双重聚类方式（counties and by province-by-year pairs），结果如表5.8的第（2）列所示，关注变量系数的大小及显著性与基准结果基本一致，同样验证了基准结果的稳健性。因此，标准差聚类方式的改变并不会影响基准结果的表述。

表5.8 高铁开通对农业全要素生产率的影响

	县级层面 聚类标准误	县和省-年层面 聚类标准误
	（1）	（2）
	CD-SFA-w/CRS	CD-SFA-w/CRS
HSR_{ct}	0.053 6**	0.053 6**
	（0.021 9）	（0.023 6）

表5.8(续)

	县级层面 聚类标准误	县和省-年层面 聚类标准误
	（1）	（2）
	CD-SFA-w/CRS	CD-SFA-w/CRS
气象条件变量	√	√
县域固定效应	√	√
年份固定效应	√	√
省份-年份固定效应	√	√
农业控制变量	√	√
事前特征变量	√	√
Observations	21 818	21 818
R-squared	0.897 2	0.897 2

注：所有回归与基准结果表5.2保持一致。括号中的数值表示在不同设定聚类条件下的标准差，＊、＊＊、＊＊＊分别表示在10%、5%和1%的水平下显著。

5.5.6 调整区域的时间趋势效应

由于发展政策、地理位置的不同，我国各区域的经济发展水平也存在一定差异，同时这部分差异在某种程度上可能存在随时间变化的特征，进而对估计结果产生误差。此外，也有可能由于省级政府与中央政府的一系列宏观政策的影响，同时某些省份由于禀赋的差异跟中央政府的谈判能力也有所不同，因此某地或某区域在高铁的选址、开通时间及营运能力上可能会有所差异，同时一部分差异会随着时间的变化而变化。采用构造省份和年份的交互固定项（$prov_c \times \lambda_t$）的方式来控制省份随年份的固定效应，可以在某种程度上缓解遗漏变量带来的内生性问题。为了降低该问题可能导致的估计偏误，模型（5-5）在模型（5-4）的基础上加入省份虚拟变量和年份固定效应的交互项然后进行重新估计。在基准回归表5.2的第（1）列报告的是模型（5-4）对应的结果，而表5.2的（2）～（4）列均报告了模型（5-5）对应的结果，均控制了省份和年份的交互固定项，控制区域的时间趋势效应后，高铁开通对农业全要素生产率的影响仍然稳健。

本研究为了保障区域时间趋势设定的稳健性，对区域的时间趋势控制方式进行了调整：方式一，本研究将省份虚拟变量和年份固定效应的交互项修改为省份虚拟变量和时间趋势变量一次项的交互项，结果报告于表5.9的第（1）列；方式二，本研究将省份虚拟变量和年份固定效应的交互项修改为省份虚拟变量和时间趋势变量二次多项式的交互项，结果报告于表5.9的第（2）列。结果表明，区域的时间趋势效应的调整并不会影响基准结果的结论。

表5.9　高铁开通对农业全要素生产率的影响

	省-年线性 时间趋势	省-年非线性 时间趋势
	（1）	（2）
	CD-SFA-w/CRS	CD-SFA-w/CRS
HSR_{ct}	0.052 7** （0.022 1）	0.052 8** （0.022 1）
气象条件变量	√	√
县域固定效应	√	√
年份固定效应	√	√
省份-年份固定效应	√	√
农业控制变量	√	√
事前特征变量	√	√
Observations	21 818	21 818
R-squared	0.893 3	0.894 3

注：所有回归与基准结果表5.2保持一致。括号中的数值表示在区县和市-年层面上双重聚类的标准差，*、**、*** 分别表示在10%、5%和1%的水平下显著。

5.5.7　考虑非关键地区的影响

各区县的农业发展情况的好坏同时可能会反过来影响当地是否能被高铁连接。若该地在政治上比较重要或农业发展情况较好，当地政府可能更有实力与动力跟上一级或更高级的政府协商建设高铁，从而高铁这一关键变量很有可能具有内生性。过去的文献中遇到类似的情况，通常采用非关键地区作为样本进行估计，可以一定程度上解决或缓解交通基础设施造成的内生性问题。他们的逻辑是，大型的交通基础设施，由于建设成本高，要充分保障基础设施建设的经济效益，因此各国在交通基础设施的路线规划上通常会首先保证省会、重要城市等历史地位、政治地位和经济地位比较重要关键的地方，然而为了连通这些关键地区而经过的区县或城市通常被认为是随机的、偶然的（Redding & Turner, 2015）。

观察我国的高铁的路线图，可以发现我国高铁的路线均相对比较笔直，连通关键地区之间的路线几乎不存在绕路的现象，同时这样的线路设计与运营也能保障高铁的运行速度不受影响，因此本研究采用非关键地区作为样本（即剔除关键地区），能够很大程度上消除内生性的问题。有学者在讨论高速公路与城市就业的问题时，利用非关键地区样本来进行研究，进一步消除可能的内生性问题（Chandra & Thompson, 2000）。

该部分稳健性检验亦采用同样的逻辑来构造处理组。一方面，本研究将样本设定为高铁所连通的所有"县"，不保留其他的"区"的样本，因为"区"比"县"的经济、政治地位可能更高，同时"区"比"县"更不容易以农业为主要产业，通过保留"县"的样本能够在一定程度上降低可能的内生性问题。表 5.10 的第（1）列报告了对应的结果，估计结果与基准结果保持一致。

表 5.10　高铁开通对农业全要素生产率的影响

	剔除市辖区的影响	剔除铁路规划的城市
	（1）	（2）
	CD-SFA-w/CRS	CD-SFA-w/CRS
HSR_{ct}	0.037 1 **	0.035 3 **
	(0.014 7)	(0.015 9)
气象条件变量	√	√
县域固定效应	√	√
年份固定效应	√	√
省份-年份固定效应	√	√
农业控制变量	√	√
事前特征变量	√	√
Observations	18 373	19 101
R-squared	0.900 8	0.897 4

注：所有回归与基准结果表 5.2 保持一致。括号中的数值表示在区县和市-年层面上双重聚类的标准差，*、**、*** 分别表示在 10%、5% 和 1% 的水平下显著。

另一方面，本研究剔除关键城市的区县样本，保留高铁连接大城市而经过的区县样本，这些区县的存在通常对于高铁是否修建很难产生决定性的影响，而且这样处理能够保证控制组与实验组的样本更加随机，从而降低了内生性的影响。具体做法与 Michaels（2008）以及 Chandra 和 Thompson（2000）方法类似，本研究汇总了《中长期铁路网规划》① 提到的 38 个重要节点大城市，剔除了这 38 个节点大城市样本内的县级样本。表 5.10 的第（2）列报告了对应的结果，估计结果与基准结果保持一致。

5.5.8　安慰剂检验

经过大量的稳健性检验讨论后，基准结果的稳健性基本得到满足，但是，其他无法观测的某些潜在因素仍可能影响估计结果的准确性。为了解决上述疑惑，本研究拟采用与 Adukia et al.（2020）类似的安慰剂检验方法来试图解决该潜在的问题。

具体地，本研究首先随机生成处理组（高铁县）和高铁开通年份对应的虚拟变量；然后将随机生成的处理组（高铁县）虚拟变量与高铁开通年份虚拟变量交乘得到新的模拟交互项；再次，利用模型（5-5）把新的模拟交互项当作感兴趣的变量进行估计，得到的模拟估计系数 β_{sim} 即为本研究感兴趣的系数；最后，考虑重复上述流程 500 次，从而得到 β_{sim} 的系数分布情况。β_{sim} 的系数分布情况如图 5.4 所示，可以发现 β_{sim} 的均值整体上服从正态分布，同时接近于零值，表明本研究的基准结果通过了安慰剂检验，在一定程度上缓解了其他无法观察的因素对估计结果造成的影响（张军 等，2021）。

---

① 采用 2008 年调整后的版本，因为《中长期铁路网规划》（2008 年调整）完全包括了《中长期铁路网规划》（2004 年）提到的城市。

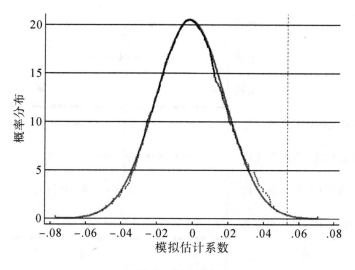

图 5.4 安慰剂检验

5.6 异质性分析

高铁对农业全要素生产率的正向影响可能在不同区域呈现出异质性。为了进一步解释高铁对农业全要素生产率在不同特征下的影响,本节基于异质性分析结果对基准结果展开进一步分析。

如图 5.5 所示,本研究讨论了高铁开通对农业全要素生产率的影响是否会因不同类型的区县而不同。异质性分析虽然没有因果解释,但有助于我们理解高铁开通对农业全要素生产率产生影响的渠道。

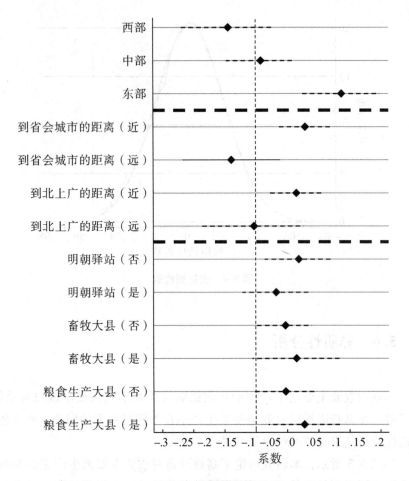

图 5.5 异质性分析

第一，本研究讨论了在东、中、西部地区区域下高铁开通对农业劳动力的影响是否存在一定的差异。从本地区的结果可以发现，高铁开通的效果在东、中、西部地区呈现出明显的异质性[①]，不同区域的资源禀赋差异在一定程度上影响了高铁开通对农业全要素生产率的影响。结果表明，西部和中部的农业全要素生产率并没有显著的变化，而东部的农业全要素生产率有显著的提高，可能是由于东部的交通基础设施更好、经济更发达、技术水平相对更高等。这部分的结果与图 5.2 的结果基本保持一致。

第二，本研究讨论了县级行政单位在不同地理特征下的影响。本研究

----

① 在这里，东、中、西部的划分标准同前文。

分别讨论了到省会城市的距离远近、到北上广城市的距离远近的影响异质性。本研究发现到省会城市的距离近的县级行政单位具有先天的地理优势，省会城市一般是本省经济、资源和技术最突出的城市，高铁的开通可以使得省会城市的经济、资源和技术更有效地流动到距离相对较近的地方，因此高铁开通使得距离本省省会城市距离较近的"高铁县"的农业全要素生产率得到了显著提升。同样地，北上广地区是我国最具有资源和科技优势的地方，高铁开通后距离北上广越近的"高铁县"更容易获取这些地方的溢出效应，同时高铁开通也显著提高了距离北上广越近的"高铁县"的农业全要素生产率。

第三，本研究检验了县级行政单位的历史特征是否会对农业全要素生产率产生不一样的影响。首先明朝驿站的建成并不容易，在那个年代物质极其匮乏，同时技术落后，因此修建过程更多依赖于地质、政治等外部条件。本研究从哈佛大学 WorldMap 中提供的明朝驿站数据，通过 ArcGIS 将此数据和本研究的县级数据匹配（步晓宁 等，2019；张军 等，2021）。本研究发现在历史上出现明朝驿站的地方，农业全要素生产率并不会受高铁开通的影响，反而没有明朝驿站的地方高铁开通的影响更加显著。这也比较容易被大家所理解，高铁开通带来了额外的交通便利，有效地促进了当地的农业发展。其次，本研究讨论了畜牧大县的作用，发现县级行政单位是否为畜牧大县对高铁开通的影响几乎没有太大差异，全要素生产率均有显著的增加，但畜牧大县的影响更大。最后，本研究讨论了粮食生产大县的异质性影响，发现粮食生产大县的集中优势更加明显，高铁开通导致粮食生产大县的全要素生产率提高约 8%。

5.7 机制分析

本研究将从政府、市场和农户的角度来讨论交通基础设施建设对农业全要素生产率的潜在影响渠道。基准回归模型反映了高铁开通对农业全要素生产率具有正向显著影响，但是我们并不知道该影响来自于什么渠道。因此本研究讨论了来自政府、市场和农户的研究机制，基于县级数据和中国农村固定观察点的微观层面数据，对以上渠道分别进行检验。

机制分析发现，高铁开通加速了城镇化的进程，政府及农民会采取一系列措施来提高当地的农业全要素生产率，具体如图5.6和附录3所示。基于县级层面的数据，我们可以发现高铁开通增加了政府财政支农经费和农业基建投资，同时当地集贸市场个数也有所增加，这有利于农业全要素生产率的提高。根据中国农村固定观察点数据的微观调查数据我们可以发现，高铁开通显著增加了农户家庭中受过农业技术教育的人数，同时也显著增加了运输用小型拖拉机和大中型铁木农具件数。

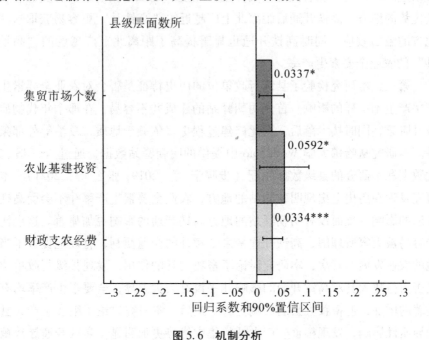

图5.6 机制分析

5.8 进一步讨论

基准回归的被解释变量设定为农业（农林牧渔业）全要素生产率，利用县级层面的数据，我们同样可以基于土地的产出效率和劳动的产出效率来衡量生产效率，那么土地的产出效率和劳动的产出效率是否同样会受到高铁开通的影响呢？如果有影响，影响是多大呢？

农业生产效率的内含丰富，既可以基于单位土地或劳动力的农业总产值来表征，也可以基于SFA的投入产出模型来测算农业全要素生产率。基准回归结果采用的农业生产效率是基于 SFA 测算得到的农业全要素生产率，因此为了进一步说明高铁开通对农业生产效率的影响，本研究将农业生产效率又重新界定为土地产出率和劳动力生产率。其中，土地产出率表示为亩均农地的农业总产值（李谷成，2010；钱龙和洪名勇，2016；Carletto et al.，2013；Lamb，2003），劳动生产率表示为单位劳动力所生产的农业总产值（孙屹 等，2014；李谷成，2010；钱龙和洪名勇，2016）。表 5.11 的回归结果表明基于土地产出率和劳动生产率表征的农业生产效率依然呈现出正向的显著作用，即高铁开通可以显著提高当地区县的劳动生产率约5.85%、土地产出率7.31%，该结果与基准结果反映的情况保持一致。

表 5.11 高铁开通对土地产出率、劳动生产率的影响

	（1） Log（土地产出率）	（2） Log（劳动生产率）
HSR_{ct}	0.073 1 ** (0.032 1)	0.058 5 ** (0.024 3)
气象条件变量	√	√
县域固定效应	√	√
年份固定效应	√	√
省份-年份固定效应	√	√
农业控制变量	√	√
事前特征变量	√	√
Observations	21 818	21 818
R-squared	0.871 9	0.925 5

注：所有回归与基准结果表 5.2 保持一致。括号中的数值表示在区县和市-年层面上双重聚类的标准差，*、**、*** 分别表示在 10%、5% 和 1% 的水平下显著。

5.9 本章小结

随着我国城镇化进程的加快，交通基础设施的建设需求也随着增加。过去的研究主要讨论了交通基础设施完善会提高沿线地区的企业的生产率，但是对交通基础设施建设对农业生产效率的影响的研究却较少涉及。

在国家推行乡村振兴战略的大背景下，交通和农业是乡村振兴道路上的关键基础，交通基础设施建设对农业生产效率的影响的研究格外重要。

本研究验证了高铁开通对农业全要素生产率影响的因果效应。经过分析，本研究得到了如下几点结论：①高铁开通显著提高了当地的农业全要素生产率；②高铁开通对农业全要素生产率的促进作用主要体现在农业技术交流增加、农机农具的使用、市场的作用与政府的支持上；③高铁开通对农业全要素生产率的促进作用呈现出逐年增强的趋势；④异质性结果表明，东部、距离本省省界更近、距离北上广更近及粮食生产大县等地区更容易汲取高铁开通带来的溢出效应。

综上所述，本研究提出如下政策建议：

第一，农业技术的发展对农业高质量发展、乡村振兴起到了关键作用，同时交通基础设施的改善又是农业高质量发展、乡村振兴的重要组成部分。本研究发现高铁的开通有助于农业生产效率的提高，因此国家应该大力发展以高铁为代表的交通基础设施建设，让过去许多交通不便利的地方嵌入交通网络中来，享受高铁及其他交通基础设施带来的福利，增强各地区间的经济联系、资源流动、人才交流。

第二，高铁对于我国东部地区的农业生产效率的提高起到了重要的作用，但是中、西部地区由于资源禀赋的原因还没有得到显著的影响。一方面，东部地区仍具有较大的提升潜力，在继续保持农业技术进步态势的同时，充分利用东部地区的禀赋优势，当地政府应该抱着居安思危的心态来发展农业，继续加大投资交通基础设施建设，这不仅能进一步提高交通的通达度，同时还有助于提高农业生产的效率。另一方面，我国中、西部地区还有巨大的提升潜力，应继续推进以高铁为代表的交通基础设施建设，这将有助于开发我国巨大的农业发展潜力。我国中、西部地区应充分考虑农业人口转移与土地流转的协调耦合作用，同时加强交通基础设施建设和加快农业产业振兴，进而吸引乡村能人的返乡或加入，使农业技术得到进一步提升。

第三，高铁开通对农业生产效率的提高，主要是依赖于政府、社会和农民三方的协同作用。因此，基于交通基础设施网络的便利，政府可以考虑在沿线配置农业特色及现代化产业，这有利于城市产业与农业的协同发展。同时，集聚政府、社会和农民的作用，促进三产融合，挖掘新技术、新业态和新商业等，拓展农业的产业链，将农业技术更好地应用到农业各产业链中。充分发挥政府、社会和农民的作用，探索更多的由三方通力合作的农业产业项目，促进高铁带来的资源再配置效应的发挥，更好地提高农业生产效率。

6 交通基础设施建设对农业产出的影响

6.1 概述

    高铁作为中国经济发展的一个缩影，为经济发展做出了巨大的贡献。近年来，以高铁为主的交通基础设施建设减少了各个区域交流与联通的障碍，特别是为农业产出以及农村现代化提供了先决条件。自脱贫攻坚这一"底线任务"取得关键胜利以来，实现共同富裕成了我国不断奋斗的远景目标，而乡村振兴是实现全体人民共同富裕的必然要求。中国共产党在第十九次全国代表大会（党的十九大）上首次提出乡村振兴战略。此后，政府相关部门加紧对乡村振兴战略进行紧密部署，在党的十九大之后的一号文件和国家中短期发展的目标中（"十四五"规划）均涉及乡村振兴战略。特别是 2018 年的一号文件对乡村振兴战略进行了系统阐述和全面布局，确定了乡村振兴战略的目标任务（李实 等，2021）；随着 2018 年 9 月《乡村振兴战略规划（2018—2022）》的印发，我国第一个乡村振兴五年规划正式出台。对中共中央、国务院一系列重要文件的细致解读可知，实施乡村振兴战略将是我国未来发展的重要举措。

    习近平总书记在多地考察与重要工作会议上多次强调"乡村振兴，关键是产业要振兴"[①]，农业的发展作为增加农民收入的主要渠道，农业的产出则成了现代农业"产业振兴"的重要内容。改革开放以来，我国农业取

[①] 央广网. 全面实施乡村振兴战略 习近平提出七个方面要求[EB/OL].（2021−01−18）[2022−03−01].http://m.cnr.cn/news/20210108/t20210108_525386352.html.

得了举世瞩目的成就，我们用世界上不到 10% 的耕地，生产了世界上 25% 的粮食，养活了世界上 20% 的人口①，有力地支持了整个国民经济的长期、高速和稳定发展。保障农业生产及粮食安全是国家安全的重要战略，改革开放以来我国粮食总产量从 3.05 亿吨跃升到 6.69 亿吨以上②，为保障"人民日益增长的美好生活需要"做出了巨大贡献。2004 年，我国政府从农业发展的长远角度出发，停止征收农业税，并在之后出台了一揽子方案和政策用于支持农业发展，截止到 2020 年我国粮食生产完成了"十七连丰"的壮举。有学者提出担忧，虽然我国粮食连年增长，但仍然难以满足人民对高质量生活的需求，且农业产出及粮食安全的问题依然存在（彭克强和鹿新华，2010）。此外，政府虽然在耕地总体面积上划定了"红线"，但可利用的耕地逐渐减少；且在城镇化的背景下，农业人口逐年减少（何蒲明和娄方舟，2014），粮食安全已经成为迫在眉睫的问题。保障粮食安全应转变思路，我们应在确保耕地面积的前提下，提高农业生产的科技水平，提高单位产量，从而确保粮食安全问题得到根本性解决（熊小林，2018）。想要保障粮食安全，农业产出是关键。在近年来世界农业发展形势严峻、全球正遭遇大范围粮食危机的背景下，研究交通基础设施建设对中国农业产出的影响具有重大的理论和现实意义。

中国作为世界上的农业大国之一，中国的农业发展情况不仅关系到国内经济发展与粮食安全，还影响到世界的农产品市场的稳定。所以，我国农业产出的水平就显得尤为重要。我国的农业发展主要依赖于农业生产要素的投入与农业技术的进步，想要提高农业产出的水平与质量，进一步保障粮食安全、推进乡村振兴，基础设施的建设起到了决定性的作用。

乡村要振兴，基础设施建设是关键③。基础设施的建设，特别是高铁的开通，极大地推动了城乡人口流动，促进了乡村振兴战略的部署。高铁的贯通不仅打通了城市和乡村之间交往的经济通道，同时加深了资本服务的深度，也加宽了资本服务的广度，有助于提升农业生产的质量和提高农

---

① 中央纪委监察部. 汪同三：中国用全世界不到 10% 的耕地养活了 20% 的人口 [EB/OL]. (2015-11-20) [2022-03-01]. http://m.ccdi.gov.cn/content/81/d2/6866. html.

② 中华人民共和国中央人民政府. 国家统计局关于 2020 年粮食产量数据的公告 [EB/OL]. (2020-12-10) [2022-03-01]. http://www.gov.cn/xinwen/2020-12/10/content_5568623. htm.

③ 光明网-理论频道. 乡村公共基础设施建设是乡村振兴的关键 [EB/OL]. (2021-03-02) [2022-03-01]. https://theory.gmw.cn/2021-03/02/content_34655125. htm.

民的收益，为助力乡村振兴战略做出积极贡献①。交通基础设施的改善有助于保障农业生产及粮食安全。一方面，交通基础设施建设使得地区之间的流通成本下降，使农业劳动力流失加重，但是农业技术得到了提高，提高了现有劳动力情况下的可耕种土地的质量，实现"藏粮于地"。另一方面，交通基础设施能优化农业生产要素投入结构，让农户使用更少的投入要素生产出单产更高的产品，实现"藏粮于技"（朱晶，2015；曾福生和李飞，2015）。从 2008 年第一辆高铁运营以来，截至 2016 年，我国高铁的营业里程数呈快速增长趋势，高铁营业里程数与铁路营业总里程数的占比由 0.8%提升至 18.5%；该时期内，高铁客运量扩大了近 166 倍，高铁客运量与铁路总客运量的占比由 0.5%提升至 43.4%（秦志龙和陈晓光，2020）。根据未来规划，2030 年高铁将连接国内近 230 个城市（Dong et al.，2020）。高铁显然已经成为居民出行首选的交通运输工具，高铁的快速发展促进了跨区域人口流动、大城市的资源与技术外溢、城市与农村的和谐发展等。

大部分学者对高铁的研究都聚焦在城市层面，很少关注农村的情况，同时大量的文献讨论了高铁对制造业、服务业的影响，却只有少量文献讨论高铁对农业相关问题的影响（张军 等，2021；王亚飞 等，2020），同时讨论高铁开通对农业产出影响的文献更是寥寥无几，然而细致地讨论高铁对于农业产出的影响有助于厘清交通基础设施对经济结构转型及乡村振兴的根本性作用。一方面，高铁的贯通降低了区域间交流的时间成本，加速了农村人口的流动；另一方面，虽然高铁多采用"以桥代路"的方式建设路基，但还是会占用大量的农业耕地，以京沪高铁为例，其占用了 4 426.67 平方公里农业耕地，这是一个不小的数字②；同时，劳动力流失也会导致耕地被弃耕抛荒的现象。此外，高铁的开通不仅能够促进城乡区域之间的要素流动，还有利于优化资源配置，在促进农村经济的发展的同时，提高了农业生产技术、农业全要素生产率，进一步推动了农业高质量发展。

本研究以县级高开通这一外生的基础设施变化作为准自然实验，运用多期双重差分的实证策略，尝试对以下问题进行考察：高铁的开通是否会

---

① 王亚飞，廖甍，王亚菲.高铁开通促进了农业全要素生产率增长吗：来自长三角地区准自然实验的经验证据 [J].统计研究，2020，37（5）：40-53.

② 邹一旻，吴克宁，李月洁，赵华甫，路婕，高丽丽，许妍.京沪高铁建设的耕地占补平衡按等折算研究 [J].安徽农业科学，2011，39（7）：4181-4184.

影响我国的农业生产？其影响的幅度有多大？通过何种具体的机制发挥作用？是否存在县域的异质性？以上问题的解答，不仅扩充了与"高铁经济"相关的探究，还将对农业经济长期稳定的发展具有较高的现实指导意义。

本研究可能存在以下三点重要的贡献：第一，从理论研究的角度来看，本研究较为全面地研究了交通基础设施建设对中国农业生产的重要作用，完善或扩展了"高铁经济"的相关研究。第二，从实证分析的角度来看，学者对以上问题的研究主要聚焦于省市级，而本研究将研究的样本数据延伸至县级层面，从而更加系统和准确地对中国农业生产进行了剖析；也使得本研究能够更加细致地考察交通基础设施建设对农业生产的影响及其作用机制。第三，从政策含义的角度来看，已有的研究主要集中于城市或第二、三产业，鲜有研究讨论以高铁为代表的交通基础设施对农村或第一产业的影响，而本研究详细探究了交通基础设施建设对农业产出的影响，有助于丰富农业生产和乡村振兴的政策内涵。在国家出台一系列惠农政策的背景下，本研究的发现将为政府制定与农业经济相关的政策提供参考。

本章的结构安排如下：6.2节是理论框架，6.3节是研究设计与数据说明，6.4节是实证结果及分析，6.5节是稳健性建议，6.6节是影响机制分析，6.7节是异质性分析，6.8节是本章小结。

6.2 理论框架

我国高铁正处于快速发展的阶段，高铁的贯通为各地区往来交流提供了千载难逢的机遇，特别是在相对落后的农村地区，政府近年来出台了一系列惠农政策，而基础设施建设中的高铁就是其中重要一环。本研究将高铁与农村经济发展结合起来，检验高铁的运营是否促进了农村经济发展，并对其影响机制进行分析，具有较高的理论和实践意义。

高铁作为一项大型的交通基础设施，不仅深刻改变了人们的出行方式，而且重塑了城市的空间，同时推动了城镇化的发展。在过去的几十年里，中国经历了快速的城市转型，其主要表现为人口构成的显著变化和城市面积的大规模扩张（Pannell，2002）。根据卫星图像的数据，我们发现中国的城市面积在20世纪90年代增加了近25%（Liu et al., 2005），并且城市面积（土地）的扩张速度快于城市人口的增长。这导致沿海和中部地区的耕地大量流失，我国的耕地被转移到了其他地区（Deng et al., 2006; Lichtenberg & Ding, 2008; Yue et al., 2010）。同时，城镇化进程的推进、城市的不断扩张和经济的发展会导致非农机会增加，从而导致农业部门劳动力短缺（Wu et al., 2011）。而且，随着我国城镇化进程的不断推进，农村人口不断减少，从而产生了大都市圈不断扩张，而偏远地区劳动力严重丧失的现象。这种现象阻碍了农村经济产出水平的提高，导致了农业"空心化"等问题的出现（张军 等，2021），快速的城镇化进程对粮食供应安全和自然生态系统的保护提出了巨大的挑战。农业技术进步对一国经济发展有多重要？早期发展经济学的观点认为，如果一国农业部门发展落后与停滞，那么其整体经济增长的潜力将十分有限。而世界范围内的历史经验表明，农业生产力的提高可以显著促进工业化进程和经济增长（Gollin et al., 2007; Vollrath, 2011）。因此，本研究基于以下农业投入产出生产函数来讨论高铁开通对农业生产总值潜在的影响：

$$Y = A \cdot F(K, L) \qquad\qquad (6-1)$$

本研究描述了一个简单的框架，概述了高铁开通如何影响农业生产。本研究主要基于农业生产函数的投入要素来考察高铁开通对农业产出的影响机制，具体的逻辑框架如图6.1所示。

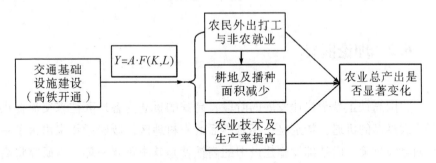

图6.1　理论框架图

高铁开通对农业生产的影响机制，主要有以下方面：

本研究将劳动力的非农转移大致划分为两大路径：一方面，高铁推动的快速城镇化进程，使得交通出行的流动成本降低，对农业劳动力的转移提供了"推力"的效应；另一方面，高铁的开通提高了高铁县的全要素生产率，伴随着各要素资源的流动增加，使高铁县的非农产业得到快速发展，为劳动力的转移提供了"拉力"的效应（Alvarez‐Cuadrado & Poschke，2021）。通过对已有研究的理论分析，本研究认为农业劳动力的非农转移主要是由"推力"和"拉力"两种效应直接或间接的影响造成的。

关于高铁开通对农村地区耕地面积的影响，本研究认为高铁可以直接和间接地影响耕地面积。高铁开通的直接影响：一般来说，高铁的修建路线在经过农业耕地时，有"以桥代路""地面路基"两种修建方式，桥梁平均用地宽度约为18米，而"地面路基"的平均用地是"以桥代路"修建模式的二至三倍。高铁沿线会经过大量的耕地，"地面路基"为主的设计会占用大量的耕地，而采用"以桥代路"的方案虽然可以减少耕地占用，但建设成本较高。无论以什么方式修建高铁，毋庸置疑都会占用大量的耕地，以京沪高铁为例，在采用全线"以桥代路"修建方式的情况下，依然占用耕地约4 426.67平方公里，依然是一个不小的数字①。高铁开通的间接影响：高铁开通会使当地农村劳动力大量流失，大批青壮年劳动力转移到城市务工，农田只能由留守的老、弱、妇、幼等次级劳动力耕作，由于劳动力供给不足和留守劳动力精力有限，从而导致当地的耕种质量下降、土地利用效率低下以及土地资源浪费严重。因此，高铁开通带来的农村劳动力转移性流失会间接地造成农村耕地大面积撂荒的现象，农业耕地未被充分地利用，这一现象严重威胁到了我国的粮食安全。

农业人口的大规模流失与耕地大规模弃耕抛荒现象是我国农业生产所面临的两大难题，影响到了我国的粮食生产及粮食安全（张杰 等，2019）。高铁建设在推动城镇化进程的同时，必然伴随着农业劳动力流失和农民弃耕抛荒的问题，但令人欣慰的是，高铁开通会带来更先进的农业技术与知识，进而提高当地的农业生产效率。

本研究主要从农民外出打工与非农就业、耕地及播种面积减少、农业技术及生产率提高这三个方面来讨论高铁开通对农业生产的影响机制。除了这些机制之外，还有其他一些因素可能会随高铁的开通来影响农业生产。例如，高铁开通可以增加获得信贷的机会，从而增加对农业的生产性投资。

---

① 邹一昊，吴克宁，李月洁，等. 京沪高铁建设的耕地占补平衡按等折算研究 [J]. 安徽农业科学，2011，39（7）：4181-4184.

6.3 数据、变量与描述性统计

6.3.1 数据说明

本研究主要的数据来源由以下数据组成:①高铁开通时间和线路的数据来源于中国铁路总公司、国家铁路局等新闻报道和公告、哈佛大学中国地图网页;②县级层面的农业相关变量来自于《农业农村部县级农作物数据库》,该数据来源于国家统计局;③县级层面的气象条件变量来自于中国气象局气象数据共享平台;④其他经济及区县特征控制变量来自于各省统计年鉴等;⑤坡度数据基于 ASTER Global Digital Elevation Model V003 提供的数据计算所得;⑥距离数据(到省界、省会、北上广的距离)基于国家地理信息公共服务平台提供的中国地图(2019 版)的数据,采用 ArcGIS 计算所得;⑦明朝驿站数据来自于 Merrick Lex Berman 的个人网站。

由于《农业农村部县级农作物数据库》截止到 2015 年,并且 2002 年是我国加入 WTO 的重要年份,因此本研究选用 2002—2015 年作为研究的时间区间。此外,气象数据和农业数据存在数据尺度上的差异,因此本研究对数据作了如下处理:

气象数据与县级农业数据进行了匹配,具体匹配过程如下:①根据气象台站的经纬度数据确定其所处省市县及县代码,用经纬度数据作为匹配变量,县代码作为匹配后的数据核对与校准标准;②利用 ArcGIS 计算农业数据中各区县(含县代码)对应的县中心经纬度;③根据经纬度计算每个农业数据提供的县到每一个气象台站点的距离,选取各县最近的气象台站点数据作为该县的气象数据。至此,本研究构建了一个详细的中国农业数据—气象变量的县级层面日度的面板数据集①。

6.3.2 描述性统计

表 6.1 报告了所有变量的数据描述统计。对比"高铁县"和"非高铁

---

① 此外,本研究还考虑了用 idw(反距离加权插值)方法得到的气象数据。对于某个县级单位中有多个气象台站的情况,本研究取多个台站的平均值作为这个县级单位的气象数据;对于某个县级单位没有台站,选取最近的气象台站点作为该县气象数据。采用以上两种办法得到的气象数据,进行回归得到的结果依然稳健。

县"的结果，可以发现，"高铁县"的农业总产值（1980 年不变价，下同）的均值为 5.34 亿元，显著高于"非高铁县"对应的 3.92 亿元。

表 6.1 2002—2015 年县级农业数据统计描述

变量	单位	样本量	均值	标准差	最小值	最大值
高铁连通县（2002—2015）						
农业总产值（1980 年不变价）	亿元	5 058	5.34	4.67	0.00	65.15
年平均气温	℃	7 532	15.71	4.69	1.82	26.48
年累积降水量	厘米	7 532	983.06	44.60	710.23	1 017.41
年平均风速	米/秒	7 532	2.14	0.65	0.50	6.53
年平均相对湿度	%	7 532	43.22	31.90	3.33	84.80
年平均大气压力	百帕	7 532	111.87	53.61	0.96	316.01
年日照时数	小时	7 532	1 875.81	481.56	629.83	3 444.05
有效灌溉面积	万人	6 177	2.27	2.07	0.00	17.65
乡镇企业职工人数	万人	5 001	12.17	16.56	0.04	212.60
人均收入	万元	5 038	0.56	0.33	0.01	4.23
机耕地面积	万公顷	5 734	2.91	3.70	0.00	33.30
高铁未连通县（2002—2015）						
农业总产值（1980 年不变价）	亿元	25 285	3.92	4.65	0.00	291.83
年平均气温	℃	31 378	13.00	5.43	-4.42	27.78
年累积降水量	厘米	31 378	937.96	92.50	573.12	1 017.62
年平均风速	米/秒	31 378	2.08	0.61	0.27	7.85
年平均相对湿度	%	31 378	40.74	30.48	2.68	87.81
年平均大气压力	百帕	31 378	85.72	48.39	1.00	328.75
年日照时数	小时	31 378	2 075.50	534.65	684.25	3 683.10
有效灌溉面积	万人	28 875	2.21	2.71	0.00	87.47
乡镇企业职工人数	万人	24 557	6.94	11.66	0.00	232.36
人均收入	万元	25 796	0.43	0.33	0.00	14.65
机耕地面积	万公顷	26 364	3.33	4.93	0.00	104.47

注：数据来源为《农业农村部县级农作物数据库 2000—2015》、《中国气象局气象数据共享平台 2000—2015》和《各省统计年鉴 2000—2015》。

6.4 实证模型与基准结果

6.4.1 模型设定

本研究利用县级层面高铁开通的准自然实验，试图回答高铁开通对农业总产值的影响，研究采用多期双重差分（DID）法，具体采用如下模型进行估计：

$$\ln Y_{ct} = \alpha + \beta\,\mathrm{HSR}_{ct} + \delta\,X_{ct} + \mu_c + \lambda_t + \varepsilon_{ct} \qquad (6\text{-}2)$$

其中，$\ln Y_{ct}$ 为 c 县在第 t 年的农业总产值（1980 年不变价）的对数值。α 为常数项。假设 c 县在第 t 年开通高铁则 $\mathrm{HSR}_{ct} = 1$，未开通则 $\mathrm{HSR}_{ct} = 0$，HSR_{ct} 表示高铁开通状况和开通年份的交互项，是本研究主要关注的解释变量，对应的系数 β 是本研究感兴趣的核心参数，其度量了高铁开通对农业总产值的影响。X_{ct} 为其他随时间变化且可能对被解释变量有影响的特征，如气象条件变量：平均气温、降雨量、日照时数、平均风速、平均相对湿度和平均大气压力；农业控制变量：灌溉率、乡镇企业职工人数（对数值）、人均收入（对数值）、机耕地面积（对数值）。事前特征变量：是否为贫困县、坡度大小和距离本省省界的距离（均与时间交乘）。μ_c 为县域固定效应，用县级层面的哑变量来表征，目的是控制所有县级层面不随时间变化而变化的因素对估计结果的影响，如各区县层面一些无法观测的地理、文化等因素。λ_t 为时间固定效应，用各个年份的哑变量来表征，目的是控制所有时间层面不随地区改变的宏观冲击对估计结果的影响，如对开通高铁可能产生影响的宏观政策等其他外生冲击。

由于我国各区域之间经济发展不平衡，从而致使各区域之间存在政策倾向性等问题，与此同时这部分差异在某种程度上可能存在随时间变化的特征，进而对估计结果产生误差。因此，在稳健性检验部分，本研究考虑了在基准模型（6-2）的基础上控制省份和年份的交互固定项（$\mathrm{prov}_c \times \lambda_t$），即采用如下模型进行估计：

$$\ln Y_{ct} = \alpha + \beta\,\mathrm{HSR}_{ct} + \delta\,X_{ct} + \mu_c + \lambda_t + \mathrm{prov}_c \times \lambda_t + \varepsilon_{ct} \qquad (6\text{-}3)$$

高铁的选址和建设可能存在的随机性。各区县具有的无法观测的地理、文化等特征，可能会影响高铁线路设计部门及各级政府对高铁途径路线的选址。比如在山地、河流和耕地修建高铁需要建涵洞、架桥梁和向农民征地等，从而使高铁的建造成本变高。这些无法观察的特征同样会影响各区县的农业生产，若不考虑这些特征变量，则可能会出现遗漏变量的问题，从而对研究结果产生影响，因为遗漏变量可能会产生内生性问题。所以，本研究采用控制固定效应 μ_c 的方式来缓解该问题。

本研究认为采用县级层面的数据来讨论高铁对农业的影响具有以下几点好处：一是，区县层面的政府不太可能对高铁的修建与规划起决定性的作用，而更多的决定权掌握在中央、省级甚至市级政府的手中（董晓芳和刘逸凡，2018）；二是，高铁的建设需要大量的资金，而县级政府财政能力薄弱，无法为高铁修建提供持续的资金来源，因此县级政府很难参与到高铁的修建过程中，因此我们可以认为县级层面的数据较市级、省级层面的数据而言外生性更强；三是，中央政府在规划高铁的路线时，首要考虑是连接大部分重要的城市，中途区县是否开通高铁可能更多的是出于连接大城市而随机偶然的选择。因此，本研究认为利用县级层面的高铁开通为准自然实验开展研究外生性更强（张俊，2017）。

6.4.2 平行趋势检验

双重差分方法使用前有一重要假定，即对照组（"非高铁县"）和实验组（"高铁县"）存在共同的时间变化趋势（Card & Krueger，2000）。为此，本研究根据 Autor et al.（2007）的方法，通过事件研究的估计方法来检验对照组与实验组之间的平行趋势。事件研究的方法有助于观察政策效果的持续动态影响。具体的模型设定如下：

$$\ln Y_{ct} = \alpha + \sum_{\tau=2}^{q} \beta_{-\tau} \, \mathrm{HSR}_{c,\,t-\tau} + \sum_{\tau=0}^{m} \beta_{+\tau} \, \mathrm{HSR}_{c,\,t+\tau} +$$
$$\delta X_{ct} + \mu_c + \lambda_t + \mathrm{prov}_c * \lambda_t + \varepsilon_{ct} \tag{6-4}$$

由于本研究开展高铁研究的时间窗口限制，本研究选择了 q=8、m=5 的时间窗口，分别衡量高铁开通前第 8 期和开通后第 5 期。其中，$\beta_{-\tau}$ 为高铁开通前的估计系数，这一系列系数的显著程度决定了本研究是否能通过平行趋势检验；而 $\beta_{+\tau}$ 表示高铁开通后的估计系数，这一系列系数是否显著为零可以判断高铁的开通与农业总产值之间的因果关系，同时 $\beta_{+\tau}$ 还能够反映高铁开通对农业总产值的持续动态效果（Granger，1969）。

本研究将高铁开通前 8 年以上的各期合并到第 8 年，开通后 5 年以上的各期合并到第 5 年，并以高铁开通前第 1 年（$\tau=-1$）作为基期。图

6.2给出了基于模型（6-4）进行事件分析的实证结果。如图6.2所示，高铁开通之前（τ=-2及其之前）的结果在零值附近且不显著，意味着本研究的处理组和对照组通过了平行趋势检验。同时，高铁开通之后（τ=0及其之后）的结果同样显著为零，这部分结果反映高铁的开通对"高铁县"的农业总产值的影响并不显著。

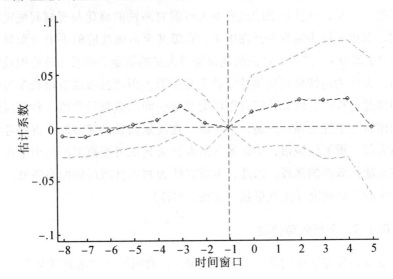

图6.2 事件研究估计结果

注：空心圆圈代表点估计，虚线代表95%的置信区间。

6.4.3 基准结果

表6.2是基于模型（6-2）、（6-3）得到的高铁对农业全要素生产率影响的回归结果。所有回归的被解释变量是农业（农林牧渔业）总产值（1980不变价）的对数值，第（1）列至第（4）列均控制了区县固定效应、年份固定效应和气象条件变量。第（1）列只控制了区县和年份固定效应和气象条件变量。本研究气象条件变量的包括：平均气温、降雨量、日照时数、平均风速、平均相对湿度和平均大气压力；其气象条件的控制方式为：某县某一天暴露于特定5℃温度区间（0~5℃、5℃~10℃、10℃~15℃、15℃~20℃、20℃~25℃、25℃~30℃、30℃~35℃及≥35℃）和累计降水量、风速、平均相对湿度、气压、日照时数的二次多项式。回归结果表明高铁的开通使得"高铁县"比"非高铁县"农业总产值减少了

1.19%，且回归系数不显著。第（2）列在第（1）列的基础上同时控制了省份-年份固定效应，回归系数约为 0.18%。考虑到当地农业相关的变量可能会影响农业总产值的变化，第（3）列在第（2）列的基础上考虑了农业控制变量，包括：灌溉率，乡镇企业职工人数（对数值），人均收入（对数值），机耕地面积（对数值）。考虑农业控制变量后，回归系数下降为 0.52%。第（4）列在第（3）列的基础上考虑了事前特征变量（是否为贫困县、坡度大小和距离本省省界的距离）的影响，回归系数约为 1.58%且不显著。结果与 Asher 和 Novosad（2020）的发现基本一致。

表 6.2　高铁开通对农业总产值的影响

	Log（农业总产值）			
	（1）	（2）	（3）	（4）
HSR_{ct}	−0.011 9	0.001 8	0.005 2	0.015 8
	（0.010 3）	（0.015 8）	（0.015 7）	（0.015 6）
气象条件变量	控制	控制	控制	控制
县域固定效应	控制	控制	控制	控制
年份固定效应	控制	控制	控制	控制
省份-年份固定效应		控制	控制	控制
农业控制变量			控制	控制
事前特征变量				控制
Observations	21 818	21 818	21 818	21 818
R-squared	0.982 6	0.984 4	0.984 5	0.984 6

注：第（1）～（4）列中的被解释变量是农业全要素生产率的对数。括号中的数值表示在区县和市-年层面上双重聚类的标准差，＊、＊＊、＊＊＊分别表示在 10%、5%和 1%的水平下显著。

6.5　稳健性分析

本节主要通过替换被解释变量、排除溢出效应、变换回归样本、调整气象条件变量、调整标准差的聚类方式、调整区域的时间趋势效应和考虑非关键地区的影响等，来检验基准结果的稳健性①。

6.5.1 替换被解释变量

《农业农村部县级农作物数据库》不仅提供农业（农林牧渔业）总产值的数据，同时还分别提供了单独的种植业产值、林业产值、牧业产值及渔业产值（各产值数据的缺失程度不同）数据。本研究将 4 种产业的产值进行加总得到新的加总农业（农林牧渔业）总产值（1980 年不变价），与基准回归的不变价保持一致。同时，由于基准回归中的农业总产值采用的是 1980 年不变价，基于不变价的考虑，本研究还考虑了采用 1990 年不变价的农业总产值。替换被解释变量的结果与基准结果保持一致。

表 6.3　高铁开通对农业总产值的影响

	农业总产值 （1990 年不变价）	加总农业总产值 （1980 年不变价）
	（1）	（2）
HSR_{ct}	0.001 4	−0.046 4
	(0.016 5)	(0.048 9)
气象条件变量	控制	控制
县域固定效应	控制	控制
年份固定效应	控制	控制
省份-年份固定效应	控制	控制
农业控制变量	控制	控制
事前特征变量	控制	控制
Observations	20 740	15 165
R-squared	0.959 5	0.965 0

注：所有回归与基准结果表 6.2 保持一致。括号中的数值表示在区县和市-年层面上双重聚类的标准差，*、**、*** 分别表示在 10%、5% 和 1% 的水平下显著。

---

① 文献中对于安慰剂检验的使用，几乎都是针对基准回归是显著的情况下进行的安慰剂检验。而本部分的基准回归是不显著的情况，故将此安慰剂放在正文中恐有不妥，因此本研究在附录 4 当中报告此章的安慰剂检验。

6.5.2 排除溢出效应

该部分主要报告剔除县级层面的溢出效应的结果。通常相邻区县之间距离相对较近，两地之间的人口流动性较强。因此，本研究用三种办法来剔除高铁开通可能对农业总产值的溢出效应，以得到更干净的处理效应。

首先，本研究计算每个区县（不含高铁站点县）与最近高铁站点县的距离，剔除掉30公里范围内的区县（不含高铁站点县）样本，本研究认为距离高铁30公里范围内的区县更容易汲取高铁开通带来的溢出效应。表6.4第（1）列报告了剔除30公里范围内溢出效应的结果，估计结果与基准结果保持一致。

其次，本研究拓宽了溢出效应可能辐射的距离，以50公里作为溢出效应的阈值。与剔除掉30公里范围内的区县（不含高铁站点县）样本所采用的方法一致，本研究同样剔除掉50公里范围内的区县（不含高铁站点县）样本。一方面，本研究认为距离高铁50公里范围内的区县也能够汲取高铁开通带来的溢出效应；另一方面，其与以30公里作为溢出效应的阈值设定互为稳健性检验，这样减少了距离选择带来的误差。表6.4第（2）列报告了剔除50公里范围内溢出效应的结果，估计结果与基准结果保持一致。

最后，同一条高铁线路上的区县分为高铁站点县和高铁途经县，某高铁的开通可能对该条高铁线路上的高铁途经县产生相应的溢出效应。为了解决这一问题，本研究将与高铁站点县位于同一条高铁线路上的其他高铁途经县的样本剔除。表6.4第（3）列汇报了该结果，表明在剔除了高铁途经县的溢出效应的潜在影响后，估计结果依然与基准结果保持一致。

表 6.4　高铁开通对农业总产值的影响

	剔除距高铁站点30公里范围内的样本	剔除距高铁站点50公里范围内的样本	剔除高铁途经县的样本
	（1）	（2）	（3）
HSR_{ct}	0.009 0	0.005 6	0.014 4
	(0.015 9)	(0.016 9)	(0.015 9)
气象条件变量	控制	控制	控制
县域固定效应	控制	控制	控制

表6.4(续)

	剔除距高铁站点30公里范围内的样本	剔除距高铁站点50公里范围内的样本	剔除高铁途经县的样本
	(1)	(2)	(3)
年份固定效应	控制	控制	控制
省份-年份固定效应	控制	控制	控制
农业控制变量	控制	控制	控制
事前特征变量	控制	控制	控制
Observations	19 617	15 883	19 693
R-squared	0.985 5	0.986 6	0.985 4

注：所有回归与基准结果表6.2保持一致。括号中的数值表示在区县和市-年层面上双重聚类的标准差，＊、＊＊、＊＊＊分别表示在10%、5%和1%的水平下显著。

6.5.3 变换回归样本

该部分主要报告修改回归样本的结果。通常回归样本的变化也会在一定程度上影响回归结果的系数及显著性；同时，部分样本不具有代表性，放入回归样本中也会影响回归的结果，比如偏远地区的样本、经济发展太好的地区等。此外，不同的回归样本设定有助于回答基准结果的稳健性。因此，本研究采用以下几种方案来调整回归的样本，排除一些可能对结果产生影响的不好样本。

首先，2015年高铁开通的区县大部分时候都是处在控制组，这些区县开通后的数据较少，使用全样本进行分析可能会使研究结果产生偏差。选取处理组时，如果将2015年开通高铁的县纳入处理组，可能导致对高铁开通效应的高估。所以，本研究假设2015年并没有开通任何高铁，将2015年开通高铁的县域样本剔除。剔除2015年开通高铁的样本后的结果如表6.5第（1）列所示，从而可以发现高铁开通对农业总产值的影响几乎没有变化，与基准结果保持一致。

其次，云南、青海和西藏是我国相对比较偏远的省份，在2015年前这些偏远省份几乎没有高铁开通，因此本研究剔除了这些省份的样本并重新估计基准模型，表6.5第（2）列报告了相应结果，结果仍显示高铁开通对农业总产值的影响并不显著。

再次，北京、上海和广州（北上广）是我国政治、教育和经济非常重要的城市，这些样本也可能会干扰基准结果，同时这些城市很难找到合适的对照组，因此本研究将北上广从样本中剔除，表 6.5 中第（3）列报告了相应结果，结果仍显示高铁开通对农业总产值的影响并不显著。省会城市和直辖市的样本同样可能会干扰基准结果，因此本研究将省会城市和直辖市从样本中剔除，表 6.5 中第（4）列报告了相应结果，估计结果依然与基准结果保持一致。

再其次，本研究对样本的时间窗口进行了重新选择，本研究的基准回归的时间窗口为 2002—2015 年，因为 2002 年是我国加入 WTO 的重要年份。基于同样的考虑，本研究考虑把时间窗口调整为 2004—2015 年，因为 2004 年中央一号文件开始持续关注农业，同时从 2004 年起农业税开始部分取消，因此该年份对于农业生产十分重要，对应的结果汇报在表 6.5 第（5）列中。

表 6.5　高铁开通对农业总产值的影响

	剔除 2015 年开通高铁的样本	剔除偏远省份	剔除北上广	剔除省会城市和直辖市	以 2004—2015 当作时间窗口
	(1)	(2)	(3)	(4)	(5)
HSR_{ct}	0.019 1	0.017 2	0.016 0	0.015 0	0.014 2
	(0.016 7)	(0.015 8)	(0.015 6)	(0.016 7)	(0.013 5)
气象条件变量	控制	控制	控制	控制	控制
县域固定效应	控制	控制	控制	控制	控制
年份固定效应	控制	控制	控制	控制	控制
省份-年份固定效应	控制	控制	控制	控制	控制
农业控制变量	控制	控制	控制	控制	控制
事前特征变量	控制	控制	控制	控制	控制
Observations	20 888	19 962	21 796	19 690	17 759
R-squared	0.984 4	0.982 4	0.984 6	0.985 7	0.987 2

注：所有回归与基准结果表 6.2 保持一致。括号中的数值表示在区县和市-年层面上双重聚类的标准差，*、**、*** 分别表示在 10%、5% 和 1% 的水平下显著。

最后，考虑到被解释变量极端值的影响和数据收集过程中可能存在的偏误，本研究删除了被解释变量过大的 0.1% 和 0.5% 数据，分别在表 6.6 的（1）～（2）列中汇报，这样处理能一定程度上排除异常值对基准结果的干扰。结果表明剔除极端值的部分数据不会改变高铁开通的影响。

表 6.6　高铁开通对农业总产值的影响

	删尾处理（0.1%）	删尾处理（0.5%）
	（1）	（2）
HSR_{ct}	0.018 4 (0.015 6)	0.017 0 (0.015 3)
气象条件变量	控制	控制
县域固定效应	控制	控制
年份固定效应	控制	控制
省份-年份固定效应	控制	控制
农业控制变量	控制	控制
事前特征变量	控制	控制
Observations	21 775	21 599
R-squared	0.984 6	0.984 4

注：所有回归与基准结果表 6.2 保持一致。括号中的数值表示在区县和市-年层面上双重聚类的标准差，*、**、*** 分别表示在 10%、5% 和 1% 的水平下显著。

6.5.4　调整气象条件变量

为了更精准地反映当地气象条件的影响，在基准回归中气象条件的控制方式包括：某县某一天暴露于特定 5℃ 温度区间（0～5℃、5℃～10℃、10℃～15℃、15℃～20℃、20℃～25℃、25℃～30℃、30℃～35℃ 及 ≥35℃）和累计降水量、风速、平均相对湿度、气压、日照时数的二次多项式。因此，本研究对气象条件变量进行了调整，以便于检验基准结果在不同气象条件设定下的稳健性。调整一，气象条件设定为温度、累计降水量、风速、平均相对湿度、气压、日照时数的一次项，结果汇报于表 6.7 的第（1）列；调整二，本研究将温度箱调整为温度的二次多项式，同时其他气象条件同样为二次多项式（包括温度、累计降水量、风速、平均相对湿度、气压、日照时数的二次多项式），对应的结果汇报于表 6.7 的第（2）

列。如表 6.7 所示，气象条件控制方式的改变并不会影响基准结果的表述。

表 6.7　高铁开通对农业总产值的影响

	线性气象条件 （无温度箱）	非线性气象条件 （无温度箱）
	（1）	（2）
HSR_{ct}	0.015 4 （0.015 7）	0.015 7 （0.015 6）
气象条件变量	控制	控制
县域固定效应	控制	控制
年份固定效应	控制	控制
省份-年份固定效应	控制	控制
农业控制变量	控制	控制
事前特征变量	控制	控制
Observations	21 818	21 818
R-squared	0.896 9	0.984 6

注：所有回归与基准结果表 6.2 保持一致。括号中的数值表示在区县和市-年层面上双重聚类的标准差，*、**、*** 分别表示在 10%、5% 和 1% 的水平下显著。

6.5.5　调整标准差的聚类方式

有研究表明，标准差在不同层次上的聚类方式虽不会影响参数估计值的大小，但会影响估计结果的统计显著性。为排除主观选择聚类层次的干扰，本研究将聚类方式设定在县级层面。结果如表 6.8 的第（1）列所示，关注变量系数的大小及显著性与基准结果基本一致，从而验证了基准结果的稳健性。同样的，本研究将聚类方式设定在县级和省-年层面的双重聚类方式（counties and by province-by-year pairs），结果如表 6.8 的第（2）列所示，关注变量系数的大小及显著性与基准结果基本一致，同样验证了基准结果的稳健性。因此，标准差聚类方式的改变并不会影响基准结果的结论。

表 6.8　高铁开通对农业总产值的影响

	县级层面聚类标准误	县和省-年层面聚类标准误
	（1）	（2）
HSR_{ct}	0.015 8	0.015 8
	(0.015 0)	(0.015 4)
气象条件变量	控制	控制
县域固定效应	控制	控制
年份固定效应	控制	控制
省份-年份固定效应	控制	控制
农业控制变量	控制	控制
事前特征变量	控制	控制
Observations	21 818	21 818
R-squared	0.984 6	0.984 6

注：所有回归与基准结果表 6.2 保持一致。括号中的数值表示在不同设定聚类条件下的标准差，＊、＊＊、＊＊＊分别表示在 10%、5% 和 1% 的水平下显著。

6.5.6　调整区域的时间趋势效应

由于我国各区域之间经济发展不平衡，从而使区域之间存在着政策倾向性等问题，与此同时这部分差异在某种程度上可能存在随时间变化的特征，进而对估计结果产生误差。此外，也有可能由于省级政府与中央政府的一系列宏观政策的影响，同时某些省份由于禀赋的差异跟中央政府的谈判能力也有所不同，因此某地或某区域在高铁的选址、开通时间以及承载能力上可能会存在着差异，且部分差异可能会随时间变化。采用构造省份和年份的交互固定项（ $prov_c \times \lambda_t$ ）的方式来控制省份随年份的固定效应，可以在某种程度上缓解遗漏变量带来的内生性问题。为了降低该问题可能导致的估计偏误，模型（6-3）在模型（6-2）的基础上加入省份虚拟变量和年份固定效应的交互项然后进行重新估计。在基准回归表 6.2 的第（1）列报告的是模型（6-2）对应的结果，而表 6.2 的（2）～（4）列均报告了模型（6-3）对应的结果，其均控制了省份和年份的交互固定项，控制了各个区域的时间趋势效应后，本研究发现高铁开通的影响依然稳健。在上述分析的基础上，本研究对区域的时间趋势控制方式进行了调整：方式一，本研究将省份虚拟变量和年份固定效应的交互项修改为省份虚拟变量和时间趋势变量一次项的交互项，结果报告于表 6.9 的第（1）列；方式二，本研究将省份虚拟变量和年份固定效应的交互项修改为省份虚拟变量和时间趋势变量二次多项式的交互项，结果报告于表 6.9 的第（2）列。结果表明，区域的时间趋势效应的调整并不会影响基准结果的结论。

表 6.9 高铁开通对农业总产值的影响

	省-年线性时间趋势	省-年非线性时间趋势
	（1）	（2）
HSR_{ct}	0.017 1	0.015 3
	（0.015 2）	（0.015 2）
气象条件变量	控制	控制
县域固定效应	控制	控制
年份固定效应	控制	控制
省份-年份固定效应	控制	控制
农业控制变量	控制	控制
事前特征变量	控制	控制
Observations	21 818	21 818
R-squared	0.984 2	0.984 3

注：所有回归与基准结果表 6.2 保持一致。括号中的数值表示在区县和市-年层面上双重聚类的标准差，* 、** 、*** 分别表示在 10%、5% 和 1% 的水平下显著。

6.5.7 考虑非关键地区的影响

各区县的农业发展情况可能会反过来影响当地是否被高铁连接。若该地在政治上比较重要或农业发展情况较好，当地政府可能更有实力与动力跟上一级或更高级的政府协商建设高铁，因而高铁这一关键变量很有可能具有内生性。过去的文献中遇到类似的情况，通常采用非关键地区作为样本进行估计，这可以在一定程度上解决或缓解交通基础设施造成的内生性问题。他们的逻辑是，大型的交通基础设施，由于建设成本高，要充分保障基础设施建设的经济效益，因此在交通基础设施的路线规划上通常会优先保证省会、重要城市等历史地位、政治地位和经济地位比较重要的地方，然而为了连通这些关键地区而经过的区县或城市通常被认为是随机的、偶然的（Redding & Turner，2015）。

观察我国的高铁的路线图，可以发现我国高铁的路线均相对比较笔直，连通关键地区之间的路线几乎不存在绕路的现象，这样的线路设计与运营也能保障高铁的运行速度不受影响，因此本研究采用非关键地区作为样本（即剔除关键地区），能够在很大程度上消除内生性的问题。

该部分稳健性检验亦采用同样的逻辑来构造处理组。一方面，本研究将样本设定为高铁所连通的所有"县"，不保留其他的"区"的样本，因为"区"比"县"的经济、政治地位可能更高，同时"区"比"县"更不容易以农业为主要产业。保留"县"的样本能够在一定程度上降低可能的内生性问题。

另一方面，本研究剔除关键城市的区县样本，保留高铁连接大城市而经过的区县样本，这些区县的存在通常对高铁的是否修建很难产生决定性的影响，而且这样处理能够保证控制组与实验组的样本更加随机，从而降低了内生性的影响。具体做法与 Michaels（2008）以及 Chandra 和 Thompson（2000）方法类似，本研究汇总了《中长期铁路网规划》[①] 提到的 38 个重要节点大城市，剔除了这 38 个节点大城市样本内的县级样本。

表 6.10 的（1）~（2）列分别报告了对应的结果，与基准结果相比依然稳健。

表 6.10　高铁开通对农业总产值的影响

	剔除市辖区的影响	剔除铁路网规划的城市
	（1）	（2）
HSR_{ct}	0.008 5	0.009 8
	(0.010 0)	(0.010 4)
气象条件变量	控制	控制
县域固定效应	控制	控制
年份固定效应	控制	控制

① 采用 2008 年调整后的版本，因为《中长期铁路网规划》（2008 年调整）完全包括了《中长期铁路网规划》（2004 年）提到的城市。

表6.10(续)

	剔除市辖区的影响	剔除铁路网规划的城市
	(1)	(2)
省份-年份固定效应	控制	控制
农业控制变量	控制	控制
事前特征变量	控制	控制
Observations	18 373	19 101
R-squared	0.985 1	0.985 5

注：所有回归与基准结果表6.2保持一致。括号中的数值表示在区县和市-年层面上双重聚类的标准差，＊、＊＊、＊＊＊分别表示在10%、5%和1%的水平下显著。

6.6 机制检验

交通基础设施建设主要通过劳动力、土地和技术三个渠道改变了当地的农业生产方式。本节将对以上渠道分别进行检验。

高铁开通会对现有的农业生产要素流动产生影响。一方面，Asher和Novosad（2020）发现新修公路让人们更容易接触到非农工作，使得农业劳动力份额有所减少。高铁的修建同样会降低要素流动的成本，促进人力要素的流动，因此本研究评估了高铁开通对于农业（农林牧渔业）劳动力的影响。另一方面，高铁的修建往往会向农民征地以保证高铁线路的统筹规划，而劳动力流失也会导致土地撂荒现象，因此，本研究检验了高铁开通对耕地的影响。以上两个事实从理论上说会严重影响农业的产出。

虽然，高铁开通对农业劳动力和土地两大投入要素产生了负面影响，但也会带来额外的福利。一方面，高铁开通使得农村与城市、省会城市及一线城市的通勤距离拉近，城市的资本和技术更容易流向具有高铁站点的地方，这有助于当地农业技术的发展，是"走进来"的效果；另一方面，高铁开通使当地的农民及农业技术人员"走出去"学习更加便利，并把有利于农业生产的技术和思想带回当地。此外，高铁开通带来的通勤福利，也会促进农村的移动通信及网络的发展，在一定程度上促进农业的发展。因此，本研究还需要考察高铁开通对当地农业生产效率的影响。

结果表明，高铁开通使当地的农村劳动力流失约7.2%，这一结果与张军等（2021）的结果基本一致。另一方面，因为高铁开通的直接影响和劳动力流失的间接影响，当地的耕地面积流失近4.4%。具体见表6.11。

表6.11 机制分析：高铁开通对劳动力和耕地面积的影响

	Log（农业劳动力）	Log（耕地面积）
	（1）	（2）
HSR_{ct}	-0.072 0**	-0.044 3**
	(0.030 0)	(0.018 1)
气象条件变量	控制	控制
县域固定效应	控制	控制
年份固定效应	控制	控制
省份-年份固定效应	控制	控制
农业控制变量	控制	控制
事前特征变量	控制	控制
样本量	22 572	23 130
R-squared	0.930 7	0.964 3

注：所有回归与基准结果表6.2保持一致。括号中的数值表示在区县和市-年层面上双重聚类的标准差，*、**、*** 分别表示在10%、5%和1%的水平下显著。

农业生产效率的内含丰富，既可以用基于单位土地或劳动力的农业总产值来表征，也可以用基于SFA的投入产出模型来测算农业全要素生产率。本研究将农业生产效率重新界定为土地产出率和劳动生产率，其中土地产出率表示为亩均农地的农业总产值（李谷成，2010；钱龙和洪名勇，2016；Carletto et al.，2013；Lamb，2003），劳动生产率表示为单位劳动力所生产的农业总产值（孙屹 等，2014；李谷成，2010；钱龙和洪名勇，2016）。如表7.12所示，回归结果表明基于土地产出率和劳动生产率表征的农业生产效率依然呈现出显著正向的作用，即高铁开通可以显著提高当地区县的劳动生产率约7.31%、土地产出率5.85%。此外，本研究也利用SFA的投入产出模型来测算农业全要素生产率，基于Cobb-Douglas随机前沿模型和规模收益不变（CD-SFA-w/CRS）的设定计算农业全要素生产率，其中个体效应为BC92模型的设定形式：$\mu_{it} = \exp(-\eta(t-T))\mu_i$。基于 SFA 得到的农业全要素生产率数据，本研究发现高铁开通显著提高了沿线区县的农业全要素生产率（约 5.36%）。

表 6.12　机制分析：高铁开通对农业生产效率的影响

	Log（劳动生产率）	Log（土地产出率）	Log（农业全要素生产率）
	(1)	(2)	(3)
HSR_{ct}	0.073 1**	0.058 5**	0.053 6**
	(0.032 1)	(0.024 3)	(0.022 5)
气象条件变量	控制	控制	控制
县域固定效应	控制	控制	控制
年份固定效应	控制	控制	控制
省份-年份固定效应	控制	控制	控制
农业控制变量	控制	控制	控制
事前特征变量	控制	控制	控制
样本量	21 818	21 818	21 818
R-squared	0.871 9	0.925 5	0.897 2

注：所有回归与基准结果表 6.2 保持一致。括号中的数值表示在区县和市-年层面上双重聚类的标准差，*、**、*** 分别表示在 10%、5% 和 1% 的水平下显著。

6.7　异质性分析

本研究讨论了高铁开通对农业总产值的效果是否会因不同类型的区县而不同。我们知道异质性分析（图 6.3）虽然没有因果解释，但有助于我们理解高铁开通对农业总产值产生影响的渠道。

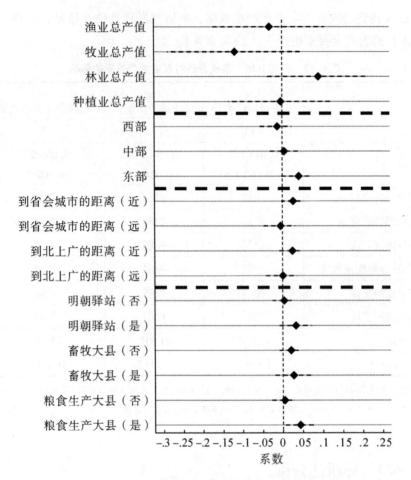

图 6.3　异质性分析

第一，本研究讨论了高铁开通对农业（农林牧渔业）不同产业①的作用效果。结果表明，高铁开通对不同的农林牧渔产业带来了不同的影响，种植业的结果跟农林牧渔业的结果保持一致，可能的原因在于种植业是农林牧渔业的主要产业；林业并不需要太多的人力资源，并不会被高铁开通导致的劳动力流失所影响，因此高铁的开通对林业仍产生了正向的影响，但结果不显著；畜牧业和渔业在生产与经营过程中均需要一部分劳动力，

①　利用土地资源进行种植生产的部门是种植业，利用土地上水域空间进行水产养殖的是水产业（渔业），利用土地资源培育采伐林木的部门是林业，利用土地资源培育或者直接利用草地发展畜牧的是畜牧业。

因此高铁开通导致"高铁县"的畜牧业产值和渔业产值均减少了,但结果并不显著。

第二,本研究讨论了高铁开通对农业总产值的影响在东、中、西部地区是否存在差异。结果表明,高铁开通的效果在东、中、西部地区呈现出明显的异质性[①],不同区域的资源禀赋差异在一定程度上影响了高铁开通对农业总产值的影响。结果表明,西部和中部的农业总产值并没有显著的影响,东部的农业总产值有显著的增加。

第三,本研究讨论了县级行政单位在不同地理特征下的影响。本研究分别讨论了县级行政单位到省会城市的距离远近和到北上广城市的距离远近的影响异质性。到省会城市的距离近的县级行政单位具有先天的地理优势,省会城市一般是本省经济、资源和技术最突出的城市,高铁的开通可以使省会城市的经济、资源和技术更有效地流动到距离相对较近的地方,因此高铁开通使距离本省省会城市距离较近的"高铁县"的农业总产值显著增加。同样的,北上广地区是我国最具资源和科技优势的地方,高铁开通后距离北上广越近的"高铁县"更容易获取到这些地方的溢出效应,同时高铁开通也显著增加了距离北上广越近的"高铁县"的农业总产值。

第四,本研究检验了县级行政单位的历史特征是否会产生不一样的影响。首先,明朝驿站的建成并不容易,那个年代物质极其匮乏,同时技术落后,因此其的修建更多依赖于地质、政治等外部条件。本研究从哈佛大学 WorldMap 中提供的明朝驿站数据,通过 ArcGIS 将此数据和本研究的县级数据匹配(步晓宁 等,2019;张军 等,2021)。本研究发现在历史上是否出现明朝驿站的地方,农业总产值均并不会受到高铁开通的显著影响,但是有明朝驿站的地方影响更大。其次,本研究讨论了畜牧大县的作用,该地是否为畜牧大县并不会显著影响当地的农业总产值。最后,本研究讨论了粮食生产大县的异质性影响,粮食生产大县的集中优势在高铁开通后能够得到激发,高铁开通导致粮食生产大县的农业总产值增加了约5%。

---

① 在这里,东、中、西部的划分标准来自中国国家统计局。其中东部包括北京市、天津市、上海市、辽宁省、河北省、江苏省、福建省、浙江省、山东省、海南省、广东省11个省(市);中部包括山西省、吉林省、黑龙江省、安徽省、江西省、河南省、湖北省、湖南省8个省;西部包括广西壮族自治区、内蒙古自治区、四川省、重庆市、云南省、贵州省、西藏自治区、甘肃省、陕西省、宁夏回族自治区、青海省、新疆维吾尔自治区12个省(区、市)。

6.8 本章小结

本章讨论了交通基础设施建设对农业产出的影响及其作用机制。本研究的证据表明，高铁开通增加了"高铁县"的农业总产值约 1.6%，但效果并不显著，这一发现同时在印度也得到了验证（Asher & Novosad，2020）。通过替换被解释变量、排除溢出效应、变换回归样本、调整气象条件变量、调整标准差的聚类方式、调整区域的时间趋势效应和考虑非关键地区的影响等方式进行稳健性检验后，我们发现这一结论依然成立。此外，异质性分析表明，高铁开通对农林牧渔不同产业具有不同的影响；同时，距离大城市或省会城市等高资本密集、高技术集聚的城市更近的地方，更容易得到高铁带来的资本和技术福利，农业总产值得到显著的提高；此外，区县的历史特征也会有不同的影响。通过机制分析可以发现，高铁开通能够降低流动成本，从而导致大量的农业劳动力进行非农转移；另一方面，高铁开通导致沿线的县级行政单位耕地面积减少。但是高铁开通会提高农业技术的交流与使用，提高农业生产效率（农业全要素生产率、劳动生产率约、土地产出率），因此农业产出及粮食安全问题并没有受到实质性的威胁。

第一，以高铁为大动脉的中国综合交通运输体系为我国乡村振兴提供了坚实基础。交通基础设施的建设，降低了人们出行的成本，加速了城镇化进程，促进了农村剩余劳动力的非农转移，推进了我国的经济增长和结构转型。

第二，对于交通基础设施建设对农业生产及发展的影响，我们应该综合权衡其利弊。一方面，交通基础设施建设并没有显著威胁到我国的农业产出及粮食安全，高铁开通在必然加快城镇化进程的前提下，伴随着劳动力流失和农民弃耕抛荒的牺牲，但我国的农业生产仍能保持正向增长，意味着交通基础设施建设对我国农业的长期持续发展起到了积极的影响。另一方面，高铁开通可以促进外地的农业资源和技术"走进来"，也能给当地的农业技术人才及成果"走出去"提供便利，进而改善当地的农业技术，提高农业生产效率。高铁在完成城镇化发展及乡村振兴使命的前提下，并没有抑制当地的农业产出。因此政府需要制定相关的政策来促进当地农业技术的发展，进而保证当地农业生产不受影响。

第三，交通基础设施修建会占用大量的农业用地，而且能够降低流动成本，从而诱发部分相对落后地区的农业劳动力严重流失，可能导致某些区县的农地抛荒、农村人口空心化等一系列问题。政府在制定相关政策时需要对此多考量，并进行统筹谋划。

7 结论、建议与展望

7.1 主要结论

本研究主要基于双重差分的方法，考察了以高铁开通为代表的交通基础设施建设对农业生产的影响。主要结论如下：

首先，本研究分析了交通基础设施建设对农业劳动力等主要农业生产投入要素的影响。研究发现，高铁开通显著改变了农业生产要素的投入结构。具体地，高铁开通减少了约 7.2% 的农业劳动力，同时降低了近 4.4% 的耕地面积。通过排除溢出效应、变换回归样本、调整气象变量、调整标准差的聚类方式、调整区域的时间趋势效应、考虑非关键地区的影响和安慰剂检验等方式进行稳健性检验后，我们发现这一结论依然成立。异质性的结果表明，距离本省省会城市更近的地区、偏远地区和农业产业比较优势较弱的地区的农业劳动力流失更加严重。同时，进一步分析发现，机械总动力和化肥施用量等其他农业生产投入要素并未受到高铁开通的显著影响。

其次，本研究评估了交通基础设施建设与农业生产效率间的因果效应。实证结果显示：①高铁开通显著地提高了农业全要素生产率；②高铁开通对农业全要素生产率的促进作用主要通过增加农业技术交流、增加机械与工作农具的使用，以及促进政府与市场的支持力度等途径来实现；③高铁开通对农业全要素生产率的促进作用呈现出逐年增强的趋势；④异质性结果表明，东部、距离本省省界更近、距离北上广更近及粮食生产大县等地区更容易汲取高铁开通带来的溢出效应。

最后，本研究讨论了交通基础设施建设对农业总产出的影响及其作用机制。研究结果表明，高铁开通使"高铁县"的农业总产值增加了约

1.6%，但效果并不显著，这一发现同时在印度也得到了验证（Asher & Novosad，2020）。通过一系列稳健性检验后，这一结论依然成立。此外，异质性分析表明，高铁开通显著增加了距离大城市更近地区与粮食生产大县的农业总产出。通过机制分析发现，高铁开通导致大量的农业劳动力进行非农转移，并减少了高铁沿线地区的耕地面积，但与此同时，高铁开通显著提高了农业全要素生产率，因此高铁开通并没有实质性地威胁到我国农业总产出和粮食安全。

7.2 政策建议

随着我国城镇化进程的加快，交通基础设施的建设需求也不断增加。过去的研究主要讨论了交通基础设施的完善会提高沿线地区的区域经济增长、产业发展、风险投资、企业生产率等问题，但对交通基础设施建设对农业生产投入产出的影响的研究却鲜有涉及。在国家推行乡村振兴战略的大背景下，交通和农业是乡村振兴道路上的关键基础，因此对交通基础设施建设对农业生产投入产出的影响研究显得格外重要。本研究聚焦于高铁这一现代化交通基础设施建设如何助力乡村振兴战略，如何支撑农业农村现代化，如何推动农村农业高质量发展，如何保障农产品质量、群众食品安全和国家粮食安全稳步提高。综合上述各章的主要研究结论，本研究提出如下几个方面的政策建议：

第一，以高铁为大动脉的中国综合交通运输体系为我国乡村振兴提供了坚实基础。交通基础设施的建设，降低了人民的交流与出行成本，加速了城镇化进程，促进了农村剩余劳动力的非农转移，推进了我国的经济增长和结构转型。

第二，交通基础设施的建设能够降低流动成本，从而诱发部分相对落后地区的农业劳动力严重流失，可能导致某些区县的农地抛荒、农村人口空心化等一系列问题。政府在制定相关政策时需要对此多加考量。

第三，农业技术的发展对于农业高质量发展、乡村振兴起到了关键作用，同时交通基础设施的建设又是农业高质量发展、乡村振兴的重要组成部分。本研究发现高铁的开通有助于农业生产效率的提高，因此，国家应当大力发展以高铁为代表的交通基础设施建设，让过去许多交通不便利的地方嵌入交通网络中来，享受高铁及其他交通基础设施带来的福利，增强各地区间的经济联系、资源流动、人才交流。高铁能够带动产业结构的升级，不仅有助于第二、三产业的发展，还有利于农业生产效率的提高，并且第二、三产业的发展还能够进一步反哺农业。

第四，高铁开通对农业生产效率的提高，主要是依赖于政府、社会和农民三方的协同作用。因此，基于交通基础设施网络，政府可以考虑在沿线配置农业特色及现代化产业，这有利于城市产业与农业的协同发展。同时，集聚政府、社会和农民的作用，能够促进三产融合，挖掘新技术、新业态和新商业等，拓展与延伸农业的产业链，将农业技术更好地应用到农业各产业链中。充分发挥政府、社会和农民的作用，探索更多的三方通力合作的农业产业项目，将有助于发挥高铁带来的资源再配置效应，更好地提升农业生产效率。

第五，对于交通基础设施建设对农业生产及发展的影响，我们应该综合权衡其利弊。一方面，交通基础设施建设并没有显著威胁到我国的农业产出及粮食安全，高铁开通在必然加快城镇化进程的前提下加速了我国农业劳动力的非农转移以及耕地的非农转化，但我国的农业生产仍能保持正向增长，意味着交通基础设施建设对我国农业的长期持续发展起到了积极的影响。另一方面，高铁开通可以促进外地的农业资源和技术"走进来"，也能给当地的农业技术人才及成果"走出去"提供便利，进而改善当地的农业技术，提高农业生产效率。高铁在完成城镇化发展及乡村振兴使命的前提下，并没有抑制当地的农业产出。因此政府需要制定相关的政策来促进当地农业技术的发展，进而保证当地农业生产不受影响。

7.3 研究不足与展望

本研究从农业劳动力、农业生产效率、农业总产出三个方面讨论了高铁对农业生产投入产出的影响。虽然本研究从交通基础设施建设和农业生产投入产出方面丰富了交通与农业相关的政策建议，但仍存在以下几点不足：

首先，本研究在讨论高铁建设对主要农业投入要素的影响时，关于该部分的机制讨论不足，由于数据原因仅停留在理论层面。一方面，本研究认为高铁开通对于农业劳动力和耕地的影响是非常直接的；另一方面，相关机制涉及的县级层面数据不易获取，因此并未过多对机制分析的实证部分进行讨论。同时，由于数据的限制，本研究对于农业劳动力以外的其他劳动力并未进行考虑，未对农业劳动力的去向进行更加细致的研究，未对农林牧渔各产业劳动力的流失情况进行讨论。因此，本研究对高铁建设对农业劳动力的机制缺乏细致的讨论，同时对农业劳动力以外的其他劳动力、农业劳动力的具体去向和各产业劳动力的研究不足。

其次，本研究从微观角度考察高铁对农业生产效率影响时，主要从政府、社会和农户三个方面进行了讨论机制。但由于农村固定观察点数据的限制，本研究并未对机制进行过多的讨论。其外，除了本研究讨论的政府、社会和农户的相关机制以外，可能还有其他可能影响农业生产效率的潜在机制。本研究关于高铁对农业生产效率影响的机制分析可能并不完善。

再次，具体到各种关键指标的表征，本研究预想了四类设定来表征高铁的发展水平：一是，用各区县每年的高铁站点是否投入使用，即各县何时开通高铁，用该虚拟变量来表征高铁开通对农业生产投入产出的影响，这类衡量方式是文献中最为常见的，本研究也采用了这种方式来衡量高铁的发展水平。二是，用各区县各年正在投入使用的高铁车站的数量来表征高铁的发展水平。三是，用各区县各年正在投入使用的高铁线路的数量来表征高铁的发展水平，该变量同时还可以反映额外新修一条高铁线路（含车站）对农业生产的边际作用。四是，用各区县各年高铁经停的车次频率表示该区县的高铁发展水平。因此，在未来研究中我们应该利用更丰富、数据结构更完善的数据，以便能够更全面地衡量高铁发展水平，在提供更加多样的稳健性检验的同时，也能从多个角度解释高铁给农业生产带来的影响。

最后，本研究在研究高铁的影响时，缺少更长期的讨论和更多的动态效应分析。讨论长期的影响和动态的变化有助于全面了解高铁对农业生产的短期和长期影响，以及比较长期和短期影响。在农业的生产过程中，部分农作物的调整是一个缓慢的过程，同时某些农业投入要素的反应又能在短期内显现出来。因此，结合长期和短期影响的综合考量有利于正确把握高铁对农业生产、粮食安全及乡村振兴的作用；同时，根据短期和长期影响的比较，政府可以制定每个阶段最合适的乡村振兴战略计划与任务。受限于我国高铁发展较晚，本书比较缺乏长年限的高铁数据，但随着高铁的持续发展，后续的研究将拥有时间更长、质量更高的数据，从而更有利于我们研究高铁对农业生产及发展的长期影响。

参考文献

[1] 阿尔弗雷德·马歇尔. 经济学原理 [M]. 北京：商务印书馆，1965.

[2] 白南生. 农村劳动力外出就业对农业影响的实证研究 [J]. 中国农村经济，1996，12（8）：15-21.

[3] 毕宝德. 土地经济学 [M]. 第七版. 北京：中国人民大学出版社，2016.

[4] 卞元超，吴利华，白俊红. 高铁开通、要素流动与区域经济差距 [J]. 财贸经济，2018，39（6）：147-161.

[5] 俄林. 区域贸易与国际贸易 [M]. 北京：华夏出版社，2017.

[6] 步晓宁，张天华，张少华. 通向繁荣之路：中国高速公路建设的资源配置效率研究 [J]. 管理世界，2019，35（5）：44-63.

[7] 蔡保忠，曾福生. 农业基础设施投入对不同粮食作物产出的影响研究 [J]. 农业现代化研究，2019，40（4）：646-654.

[8] 蔡保忠. 农业基础设施的粮食增产效应研究 [D]. 湖南：湖南农业大学，2019.

[9] 蔡昉. 人口转变、人口红利与刘易斯转折点 [J]. 经济研究，2010，45（4）：4-13.

[10] 曹小曙，郭建忠，马卫. 陆路交通基础设施对农业产出的空间溢出效应 [J]. 地域研究与开发，2018，37（4）：1-7.

[11] 陈飞，翟伟娟. 农户行为视角下农地流转诱因及其福利效应研究 [J]. 经济研究，2015，50（10）：163-177.

[12] 陈丰龙，徐康宁，王美昌. 高铁发展与城乡居民收入差距：来自中国城市的证据 [J]. 经济评论，2018，39（2）：59-73.

[13] 陈明，李文秀. 生产服务业开放对中国农业生产率的影响 [J]. 华南农业大学学报（社会科学版），2018，17（5）：12-23.

[14] 陈卫，王若丞. 高铁对中国城镇化发展的影响 [J]. 人口研究，2020，44（3）：85-101.

[15] 陈锡文. 论中国的粮食进出口 [J]. 粮食科技与经济，1997，22（3）：11-12.

[16] 程国强，朱满德. 新冠肺炎疫情冲击粮食安全：趋势、影响与应对 [J]. 中国农村经济，2020，36（5）：13-20.

[17] 程名望，阮青松. 资本投入、耕地保护、技术进步与农村剩余劳动力转移 [J]. 中国人口·资源与环境，2010，20（8）：27-32.

[18] 程名望，史清华，徐剑侠. 中国农村劳动力转移动因与障碍的一种解释 [J]. 经济研究，2006，52（4）：68-78.

[19] 程漱兰. 中国农村发展：理论和实践 [M]. 北京：中国人民大学出版社，1999.

[20]"城镇化进程中农村劳动力转移问题研究"课题组，张红宇. 城镇化进程中农村劳动力转移：战略抉择和政策思路 [J]. 中国农村经济，2011，27（6）：4-14，25.

[21] 丛晓男，单菁菁. 化肥农药减量与农用地土壤污染治理研究 [J]. 江淮论坛，2019，52（2）：17-23.

[22] 邓慧慧，杨露鑫，潘雪婷. 高铁开通能否助力产业结构升级：事实与机制 [J]. 财经研究，2020，46（6）：34-48.

[23] 邓蒙芝，罗仁福，张林秀. 道路基础设施建设与农村劳动力非农就业：基于5省2000个农户的调查 [J]. 农业技术经济，2011，30（2）：4-11.

[24] 邓涛涛，王丹丹，程少勇. 高速铁路对城市服务业集聚的影响 [J]. 财经研究，2017，43（7）：119-132.

[25] 邓祥征，黄季焜，ROZELLE A. 中国耕地变化及其对生物生产力的影响：兼谈中国的粮食安全 [J]. 中国软科学，2005，20（5）：65-70.

[26] 邓晓兰，鄢伟波. 农村基础设施对农业全要素生产率的影响研究 [J]. 财贸研究，2018，29（4）：36-45.

[27] 东北地区粮食物流与外运课题组. 东北地区粮食物流与外运战略研究 [J]. 粮油食品科技，2010，20（S1）：27-30.

[28] 董洪超，蒋伏心. 交通基础设施对中国区域市场一体化的影响研究：基于动态面板模型的实证分析 [J]. 经济问题探索，2020，41（5）：

26-39.

[29] 董晓芳, 刘逸凡. 交通基础设施建设能带动县域经济发展么?: 基于 2004—2013 年国家级高速公路建设和县级经济面板数据的分析 [J]. 南开经济研究, 2018, 34 (4): 3-20.

[30] 董晓霞, 黄季焜, Rozelle S, 等. 地理区位、交通基础设施与种植业结构调整研究 [J]. 管理世界, 2006, 22 (9): 59-63, 79.

[31] 董艳梅, 朱英明. 高铁建设能否重塑中国的经济空间布局: 基于就业、工资和经济增长的区域异质性视角 [J]. 中国工业经济, 2016, 34 (10): 92-108.

[32] 樊胜根, Chan-Kang C. 中国的道路发展、经济增长和减少贫困 [M]. 北京: 中国农业出版社, 2006.

[33] 樊胜根, 张林秀, 张晓波. 中国农村公共投资在农村经济增长和反贫困中的作用 [J]. 华南农业大学学报 (社会科学版), 2002, 1 (1): 1-13.

[34] 冯海发. 农业补贴制度改革的思路和措施 [J]. 农业经济问题, 2015, 36 (3): 8-10.

[35] 魁奈. 经济著作选集 [M]. 北京: 商务印书馆, 2009.

[36] 李斯特. 政治经济学的自然体系 [M]. 北京: 商务印书馆, 1997.

[37] 高晶晶, 彭超, 史清华. 中国化肥高用量与小农户的施肥行为研究: 基于 1995~2016 年全国农村固定观察点数据的发现 [J]. 管理世界, 2019, 35 (10): 120-132.

[38] 高鸣, 宋洪远, CARTER M. 补贴减少了粮食生产效率损失吗?: 基于动态资产贫困理论的分析 [J]. 管理世界, 2017, 25 (9): 85-100.

[39] 高鸣, 宋洪远. 生产率视角下的中国粮食经济增长要素分析 [J]. 中国人口科学, 2015, 29 (1): 59-69, 127.

[40] 高一兰, 陆德明. 人力资本积累对海南农村劳动力转移的影响 [J]. 当代经济, 2010, 26 (22): 102-104.

[41] 耿元. 交通基础设施的就业效应研究 [D]. 北京: 北京交通大学, 2019.

[42] 龚斌磊, 张书睿, 王硕, 等. 新中国成立 70 年农业技术进步研究综述 [J]. 农业经济问题, 2020, 31 (6): 11-29.

[43] 龚斌磊. 投入要素与生产率对中国农业增长的贡献研究 [J]. 农业技术经济, 2018, 36 (6): 4-18.

[44] 管珍珠. 农村回流劳动力就业问题的研究 [D]. 江苏: 南京大学, 2016.

[45] 何蒲明, 娄方舟. 我国粮食综合生产能力分析: 基于劳动投入与种粮收益的视角 [J]. 农业技术经济, 2014, 33 (4): 72-79.

[46] 洪世键, 张京祥. 交通基础设施与城市空间增长: 基于城市经济学的视角 [J]. 城市规划, 2010, 34 (5): 29-34.

[47] 洪银兴, 刘伟, 高培勇, 等. "习近平新时代中国特色社会主义经济思想" 笔谈 [J]. 中国社会科学, 2018, 39 (9): 4-73, 204-205.

[48] 侯荣华. 交通项目的经济性分析 [M]. 上海: 上海交通大学出版社, 2008.

[49] 罗斯托. 经济增长的阶段 [M]. 北京: 中国社会科学出版社, 2001.

[50] 黄春芳, 韩清. 长三角高铁运营与人口流动分布格局演进 [J]. 上海经济研究, 2021, 40 (7): 39-54.

[51] 黄凯南, 孙广召. 高铁开通如何影响企业全要素生产率?: 基于中国制造业上市企业的研究 [J]. 中国地质大学学报 (社会科学版), 2019, 19 (1): 144-157.

[52] 黄佩民, 覃志豪, 吕国英. 农用工业、基础设施建设与现代农业发展 [J]. 管理世界, 1995, 11 (5): 184-192.

[53] 江泽林. 机械化在农业供给侧结构性改革中的作用 [J]. 农业经济问题, 2018, 39 (3): 4-8.

[54] 姜长云. 改革开放以来我国历次粮食供求失衡的回顾与启示 [J]. 中国农村观察, 2006, 37 (2): 8-15.

[55] 金煜, 陈钊, 陆铭. 中国的地区工业集聚: 经济地理、新经济地理与经济政策 [J]. 经济研究, 2006, 52 (4): 79-89.

[56] 柯炳生. 更好发挥两个作用牢固保障粮食安全 [J]. 农村工作通讯, 2020, 55 (4): 16-18.

[57] 李超. 高速铁路对区域经济的影响 [D]. 四川: 西南财经大学, 2017.

[58] 李谷成, 冯中朝, 范丽霞. 小农户真的更加具有效率吗? 来自湖

北省的经验证据 [J]. 经济学（季刊），2010，9（1）：95-124.

　[59] 李谷成，尹朝静，吴清华. 农村基础设施建设与农业全要素生产率 [J]. 中南财经政法大学学报，2015，58（1）：141-147.

　[60] 李国祥. 论中国农业发展动能转换 [J]. 中国农村经济，2017，33（7）：2-14.

　[61] 李涵，滕兆岳，伍骏骞. 公路基础设施与农业劳动生产率 [J]. 产业经济研究，2020，19（4）：32-44，128.

　[62] 李连成. 公路基础设施土地利用现状分析及对策 [J]. 综合运输，2012，34（8）：20-25.

　[63] 李琴，李大胜，陈风波. 地块特征对农业机械服务利用的影响分析：基于南方五省稻农的实证研究 [J]. 农业经济问题，2017，38（7）：43-52，110-111.

　[64] 李翔，杨柳. 华东地区农业全要素生产率增长的实证分析：基于随机前沿生产函数模型 [J]. 华中农业大学学报（社会科学版），2018，38（6）：62-68，154.

　[65] 李秀彬. 中国近20年来耕地面积的变化及其政策启示 [J]. 自然资源学报，1999，14（4）：329-333.

　[66] 李燕，成德宁，郑鹏. 农业基础设施对农业产出的影响及其区域差异：基于2004—2013年中国232个地级市的分析 [J]. 广东财经大学学报，2017，32（6）：106-113.

　[67] 李远铸. 搞好水利和交通是发展西北农业的关键 [J]. 农业技术经济，1985，4（10）：10-12.

　[68] 李宗璋，李定安. 交通基础设施建设对农业技术效率影响的实证研究 [J]. 中国科技论坛，2012，28（2）：127-133.

　[69] 厉以宁. 农民工、新人口红利与人力资本革命 [J]. 改革，2018，31（6）：5-12.

　[70] 梁书民. 城镇化背景下我国耕地的中长期预测 [J]. 农业经济问题，2005，26（S1）：101-107.

　[71] 刘秉镰，武鹏，刘玉海. 交通基础设施与中国全要素生产率增长：基于省域数据的空间面板计量分析 [J]. 中国工业经济，2010，28（3）：54-64.

　[72] 刘冲，吴群锋，刘青. 交通基础设施、市场可达性与企业生产

率：基于竞争和资源配置的视角 [J]．经济研究，2020，55（7）：140-158．

[73] 刘春香．浙江农业"机器换人"的成效、问题与对策研究 [J]．农业经济问题，2019，40（3）：11-18．

[74] 刘芳，刘颖，高奇正，等．交通基础设施、农业机械化与我国水稻生产 [J]．农业现代化研究，2020，41（4）：578-586．

[75] 刘景林．论基础结构 [J]．中国社会科学，1983，4（1）：73-87．

[76] 刘钜强，赵永亮．交通基础设施、市场获得与制造业区位：来自中国的经验数据 [J]．南开经济研究，2010，26（4）：123-138．

[77] 刘亮，章元，高汉．劳动力转移与粮食安全 [J]．统计研究，2014，31（9）：58-64．

[78] 刘琼，肖海峰．农村交通基础设施、农机跨区作业与农业生产效率：来自粮食主产区的经验分析 [J]．商业研究，2021，64（6）：114-122．

[79] 刘生龙，胡鞍钢．基础设施的外部性在中国的检验：1988—2007 [J]．经济研究，2010，45（3）：4-15．

[80] 刘生龙，胡鞍钢．交通基础设施与经济增长：中国区域差距的视角 [J]．中国工业经济，2010，28（4）：14-23．

[81] 刘生龙，胡鞍钢．交通基础设施与中国区域经济一体化 [J]．经济研究，2011，46（3）：72-82．

[82] 刘潇然．土地经济学 [M]．河南：河南大学出版社，2012．

[83] 刘勇政，李岩．中国的高速铁路建设与城市经济增长 [J]．金融研究，2017，60（11）：18-33．

[84] 刘玉满．美国加利福尼亚州的农业生产结构调整—美国加利福尼亚州农业考察报告 [J]．中国农村经济，2002，18（5）：73-78．

[85] 刘育红，王曦．"新丝绸之路"经济带交通基础设施与区域经济一体化：基于引力模型的实证研究 [J]．西安交通大学学报（社会科学版），2014，34（2）：43-48，80．

[86] 柳直勇，李雪晴，魏汉泽．制度变革、劳动投入与中国农业发展 [J]．中国经济问题，2016，58（1）：3-13．

[87] 龙小宁，高翔．交通基础设施与制造业企业生产率：来自县级高

速公路和中国工业企业数据库的证据 [J]. 华中师范大学学报 (人文社会科学版), 2014, 53 (5): 43-52.

[88] 龙玉, 赵海龙, 张新德, 李曜. 时空压缩下的风险投资: 高铁通车与风险投资区域变化 [J]. 经济研究, 2017, 52 (4): 195-208.

[89] 罗能生, 孙利杰. 交通发展对区域经济差距的影响 [J]. 城市问题, 2019, 38 (8): 51-60.

[90] 罗斯炫, 何可, 张俊飚. 修路能否促进农业增长?: 基于农机跨区作业视角的分析 [J]. 中国农村经济, 2018, 34 (6): 67-83.

[91] 吕娜, 朱立志. 中国农业环境技术效率与绿色全要素生产率增长研究 [J]. 农业技术经济, 2019, 38 (4): 95-103.

[92] 马伟, 王亚华, 刘生龙. 交通基础设施与中国人口迁移: 基于引力模型分析 [J]. 中国软科学, 2012, 27 (3): 69-77.

[93] 毛学峰, 刘靖, 朱信凯. 国际食物消费启示与中国食物缺口分析: 基于历史数据 [J]. 经济理论与经济管理, 2014, 34 (8): 103-112.

[94] 毛学峰, 刘靖, 朱信凯. 中国粮食结构与粮食安全: 基于粮食流通贸易的视角 [J]. 管理世界, 2015, 31 (3): 76-85.

[95] 倪国华, 王赛男, JIN Y. 中国现代化进程中的粮食安全政策选择 [J]. 经济研究, 2021, 56 (11): 173-191.

[96] 彭克强, 鹿新华. 中国财政支农投入与粮食生产能力关系的实证分析 [J/OL]. 农业技术经济, 2010, 29 (9): 18-29 [2021.09.12]. DOI: 10.13246/j. cnki. jae..

[97] 钱家骏, 毛立本. 要重视国民经济基础结构的研究和改善 [J]. 经济管理, 1981, 3 (3): 12-15.

[98] 钱龙, 洪名勇. 非农就业、土地流转与农业生产效率变化: 基于CFPS 的实证分析 [J]. 中国农村经济, 2016, 32 (12): 2-16.

[99] 秦志龙, 陈晓光. 高铁开通改善了沿线城市的空气质量吗?: 基于断点回归设计的分析 [J]. 环境经济研究, 2020, 5 (2): 76-94.

[100] 萨伊. 政治经济学概论 [M]. 北京: 商务印书馆, 1982.

[101] 沙安文, 沈春丽, 邹恒甫. 中国地区差异的经济分析 [M]. 北京: 中国人民大学出版社, 2006.

[102] 施震凯, 邵军, 浦正宁. 交通基础设施改善与生产率增长: 来自铁路大提速的证据 [J]. 世界经济, 2018, 41 (6): 127-151.

[103] 双琰，王钊. 公路交通设施投资对农业生产经营结构效应的实证检验 [J]. 统计与决策，2018，34（10）：88-92.

[104] 苏杨，马宙宙. 我国农村现代化进程中的环境污染问题及对策研究 [J]. 中国人口·资源与环境，2006，17（2）：12-18.

[105] 速水佑次郎，神门善久. 农业经济论 [M]. 北京：中国农业出版社，2003.

[106] 孙屹，杨俊孝，刘凯辉. 农户农地流转的土地生产效率影响因素实证研究：以新疆天山北坡经济带玛纳斯县为例 [J]. 干旱区研究，2014，31（6）：1170-1175.

[107] 唐丽霞，左停. 中国农村污染状况调查与分析：来自全国 141 个村的数据 [J]. 中国农村观察，2008，39（1）：31-38.

[108] 唐任伍，温馨. 有效衔接乡村振兴：短板与举措 [J]. 民生周刊，2021，12（19）：62-65.

[109] 滕兆岳，李涵. 交通运输成本与农业机械化 [J]. 经济评论，2020，41（1）：84-95.

[110] 田春，李世平. 近年来我国耕地生态保护与经济补偿初探 [J]. 中国特色社会主义研究，2010，16（6）：74-77.

[111] 万海远. 城市社区基础设施投资的创业带动作用 [J]. 经济研究，2021，56（9）：39-55.

[112] 王斌，尹翔硕. 加入世界贸易组织对中国农业福利的影响 [J]. 中国农村经济，2001，17（1）：24-31.

[113] 王德文，黄季焜. 双轨制度下中国农户粮食供给反应分析 [J]. 经济研究，2001，47（12）：55-65，92.

[114] 王放. 论我国城市化与粮食生产的关系 [J]. 人口研究，1997，21（5）：19-24.

[115] 王钢，钱龙. 新中国成立 70 年来的粮食安全战略：演变路径和内在逻辑 [J]. 中国农村经济，2019，35（9）：15-29.

[116] 王明怀，陈茜. 交通基础设施建设和保护国土资源 [J]. 综合运输，2001，23（9）：1-3.

[117] 王欧，杨进. 农业补贴对中国农户粮食生产的影响 [J]. 中国农村经济，2014，30（5）：20-28.

[118] 王亚飞，廖甍，王亚菲. 高铁开通促进了农业全要素生产率增

长吗?：来自长三角地区准自然实验的经验证据 [J]. 统计研究，2020，37
(5)：40-53.

[119] 王垚，年猛. 高速铁路带动了区域经济发展吗？[J]. 上海经济研究，2014，33（2）：82-91.

[120] 王永进，盛丹，施炳展，李坤望. 基础设施如何提升了出口技术复杂度？[J]. 经济研究，2010，45（7）：103-115.

[121] 王雨濛，岳振飞，吕丹，孔祥智. 农机补贴政策实施的现状问题与完善措施：来自湖北的调查 [J]. 湖北社会科学，2015，29（6）：69-75.

[122] 王跃梅，姚先国，周明海. 农村劳动力外流、区域差异与粮食生产 [J]. 管理世界，2013，29（11）：67-76.

[123] 王赟赟，陈宪. 市场可达性、人口流动与空间分化 [J]. 经济评论，2019，40（1）：3-18，90.

[124] 配第. 政治算术 [M]. 北京：商务印书馆，1978.

[125] 魏后凯，王业强. 中央支持粮食主产区发展的理论基础与政策导向 [J]. 经济学动态，2012，53（11）：49-55.

[126] 吴昊. 交通运输与农业发展 [M]. 北京：经济科学出版社，2007.

[127] 吴清华，冯中朝，何红英. 农村基础设施对农业生产率的影响：基于要素投入的视角 [J]. 系统工程理论与实践，2015，35（12）：3164-3170.

[128] 吴清华，冯中朝，余凌. 基础设施的农业生产效应：文献综述 [J]. 农林经济管理学报，2014，13（4）：393-399.

[129] 吴清华，周晓时，冯中朝. 基础设施降低了农业生产成本吗？：基于分位数回归方法 [J]. 华中农业大学学报（社会科学版），2014，34（5）：53-59.

[130] 夏金梅，孔祥利. 1921—2021 年：我国农业劳动力城乡流动的嬗变、导向与双向互动 [J]. 经济问题，2021，43（6）：9-15.

[131] 向书坚，吴淑丽. 中国工业废气治理技术效率及其影响因素分析 [J]. 数量经济技术经济研究，2012，29（8）：79-91.

[132] 肖挺. 中国城市交通基础设施建设对本地就业的影响 [J]. 中国人口科学，2016，30（4）：96-104，128.

［133］熊小林. 聚焦乡村振兴战略 探究农业农村现代化方略："乡村振兴战略研讨会"会议综述［J］. 中国农村经济，2018，34（1）：138-143.

［134］徐建国，张勋. 农业生产率进步、劳动力转移与工农业联动发展［J］. 管理世界，2016，32（7）：76-87，97.

［135］宣烨，陆静，余泳泽. 高铁开通对高端服务业空间集聚的影响［J］. 财贸经济，2019，40（9）：117-131.

［136］薛超，史雪阳，周宏. 农业机械化对种植业全要素生产率提升的影响路径研究［J］. 农业技术经济，2020，39（10）：87-102.

［137］斯密. 国民财富的原因与性质研究［M］. 北京：商务印书馆，1979.

［138］杨林生，张宇亭，黄兴成，等. 长期施用含氯化肥对稻-麦轮作体系土壤生物肥力的影响［J］. 中国农业科学，2016，49（4）：686-694.

［139］姚洋. 中国农地制度：一个分析框架［J］. 中国社会科学，2000，21（2）：54-65，206.

［140］叶明华，庹国柱. 要素投入、气候变化与粮食生产：基于双函数模型［J］. 农业技术经济，2015，34（11）：4-13.

［141］余泳泽，潘妍. 高铁开通缩小了城乡收入差距吗?：基于异质性劳动力转移视角的解释［J］. 中国农村经济，2019，35（1）：79-95.

［142］俞峰，梅冬州，张梦婷. 交通基础设施建设、产业结构变化与经济收敛性研究［J］. 经济科学，2021，43（5）：52-67.

［143］杜能. 孤立国同农业国和国民经济的关系［M］. 北京：商务出版社，1986.

［144］凯恩斯. 就业、利息和货币通论［M］. 北京：商务印书馆，1999：

［145］臧武芳，潘华顺. 论粮食安全与城市化［J］. 社会科学，2001，23（3）：11-15.

［146］曾福生，李飞. 农业基础设施对粮食生产的成本节约效应估算：基于似无相关回归方法［J］. 中国农村经济，2015，31（6）：4-12，22.

［147］张芬. 中国的地区和城乡经济发展差异：从交通基础设施建设的角度来看［J］. 武汉大学学报（哲学社会科学版），2007，78（1）：25-30.

[148] 张贵友，詹和平，朱静. 农产品流通基础设施对农业生产影响的实证分析 [J]. 中国农村经济，2009，25 (1)：49-57.

[149] 张浩然，衣保中. 基础设施、空间溢出与区域全要素生产率：基于中国 266 个城市空间面板杜宾模型的经验研究 [J]. 经济学家，2012，24 (2)：61-67.

[150] 张杰，张珂，赵峰. 农业劳动力转移性流失、耕地抛荒与"柔性"政策选择研究 [J]. 新疆社会科学，2019，29 (6)：131-140，159.

[151] 张军，高远，傅勇，等. 中国为什么拥有了良好的基础设施？[J]. 经济研究，2007，53 (3)：4-19.

[152] 张军，李睿，于鸿宝. 交通设施改善、农业劳动力转移与结构转型 [J]. 中国农村经济，2021，37 (6)：28-43.

[153] 张俊. 高铁建设与县域经济发展：基于卫星灯光数据的研究 [J]. 经济学（季刊），2017，16 (4)：1533-1562.

[154] 张克中，陶东杰. 交通基础设施的经济分布效应：来自高铁开通的证据 [J]. 经济学动态，2016，57 (6)：62-73.

[155] 张梦婷，俞峰，钟昌标，等. 高铁网络、市场准入与企业生产率 [J]. 中国工业经济，2018，36 (5)：137-156.

[156] 张明源，李震. 基建投资可以缩小区域经济增长差距吗：基于人口流动视角的分析 [J]. 山西财经大学学报，2021，43 (6)：1-14.

[157] 张学良. 中国交通基础设施促进了区域经济增长吗：兼论交通基础设施的空间溢出效应 [J]. 中国社会科学，2012，33 (3)：60-77，206.

[158] 张宗毅，曹光乔，易中懿. "十二五"农业机械化发展区域划分研究 [J]. 中国农业资源与区划，2011，32 (4)：50-55.

[159] 张宗毅，杜志雄. 农业生产性服务决策的经济分析：以农机作业服务为例 [J]. 财贸经济，2018，39 (4)：146-160.

[160] 赵鹏. 交通基础设施对区域一体化影响研究 [J]. 经济问题探索，2018.39 (3)：75-82.

[161] 郑淋议，钱文荣，刘琦，等. 新一轮农地确权对耕地生态保护的影响：以化肥、农药施用为例 [J]. 中国农村经济，2021，37 (6)：76-93.

[162] 郑沫利，冀浏果. "北粮南运"存在的问题及对策 [J]. 粮油

食品科技, 2010, 20 (S1): 21-26.

[163] 钟甫宁, 顾和军, 纪月清. 农民角色分化与农业补贴政策的收入分配效应: 江苏省农业税减免、粮食直补收入分配效应的实证研究 [J]. 管理世界, 2008, 24 (5): 65-70, 76.

[164] 周晶, 陈玉萍, 阮冬燕. 地形条件对农业机械化发展区域不平衡的影响: 基于湖北省县级面板数据的实证分析 [J]. 中国农村经济, 2013, 29 (9): 63-77.

[165] 周世军, 周勤. 户籍制度、非农就业"双重门槛"与城乡户籍工资不平等: 基于 CHNS 微观数据的实证研究 [J]. 金融研究, 2012, 55 (9): 101-114.

[166] 周渝岚, 王新利, 赵琨. 农业机械化发展对农业经济发展方式转变影响的实证研究 [J]. 上海经济研究, 2014, 33 (6): 34-41.

[167] 朱道林, 郧宛琪, 瞿理铜. 2013 年土地科学研究进展评述及 2014 年展望: 农用地保护分报告 [J]. 中国土地科学, 2014, 28 (3): 4-11.

[168] 朱晶. 农业公共投资、竞争力与粮食安全 [J]. 经济研究, 2003, 48 (1): 13-20, 92.

[169] 朱晶, 晋乐. 农业基础设施、粮食生产成本与国际竞争力: 基于全要素生产率的实证检验 [J]. 农业技术经济, 2017, 36 (10): 14-24.

[170] 诸竹君, 黄先海, 王煌. 交通基础设施改善促进了企业创新吗?: 基于高铁开通的准自然实验 [J]. 金融研究, 2019, 62 (11): 153-169.

[171] 邹农俭. 中国农村城市化研究 [M]. 广西: 广西人民出版社, 1998.

[172] Acemoglu D. Directed technical change [J]. The Reviewof Economic Studies, 2002, 69 (4): 781-809.

[173] Adamopoulos T. Transportation Costs, Agricultural Productivity, and Cross-Country Income Differences [J]. International Economic Review, 2011, 52 (2): 489-521.

[174] Adukia A, Asher S, Novosad P. Educational investment responses to economic opportunity: evidence from Indian road construction [J]. American

Economic Journal: Applied Economics, 2020, 12 (1): 348-376.

[175] Afriat S N. Efficiency estimation of production functions [J]. International Economic Review, 1972, 13 (3): 568-598.

[176] Aggarwal S. Do rural roads create pathways out of poverty? Evidence from India [J]. Journal of Development Economics, 2018, 133 (4): 375-395.

[177] Ahearn M C, El-Osta H, Dewbre J. The impact of coupled and decoupled government subsidies on off - farm labor participation of US farm operators [J]. American Journal of Agricultural Economics, 2006, 88 (2): 393-408.

[178] Aigner D J, Chu S. On estimating the industry production function [J]. The American Economic Review, 1968, 58 (4): 826-839.

[179] Aigner D, Lovell C A K, Schmidt P. Formulation and estimation of stochastic frontier production function models [J]. Journal of Econometrics, 1977, 6 (1): 21-37.

[180] Aitken B J, Harrison A E. Do domestic firms benefit from direct foreign investment? Evidence from Venezuela [J]. American EconomicReview, 1999, 89 (3): 605-618.

[181] Alasia A, Weersink A, Bollman R D, et al. Off-farm labour decision of Canadian farm operators: Urbanization effects and rural labour market linkages [J]. Journal of Rural Studies, 2009, 25 (1): 12-24.

[182] Alvarez-Cuadrado F, Poschke M. Structural change out of agriculture: Labor push versus labor pull [J]. American Economic Journal: Macroeconomics, 2011, 3 (3): 127-58.

[183] Antle J M. Infrastructure and aggregate agricultural productivity: International evidence [J]. Economic Development and Cultural Change, 1983, 31 (3): 609-619.

[184] Arrington Jr G B. Light rail and land use: a Portland success story [C]. Washington, DC: Transportation Research Board meeting, 1989.

[185] Aschauer D A. Is public expenditureproductive? [J]. Journal of Monetary Economics, 1989, 23 (2): 177-200.

[186] Asher S, Novosad P. Rural roads and local economic development [J]. American Economic Review, 2020, 110 (3): 797-823.

［187］ Atack J, Bateman F, Haines M, et al. Did railroads induce or follow economicgrowth?: Urbanization and population growth in the American Midwest, 1850-1860 ［J］. Social Science History, 2010, 34 (2): 171-197.

［188］ Atash F. Reorienting metropolitan land use and transportation policies in the USA ［J］. Land Use Policy, 1996, 13 (1): 37-49.

［189］ Autor D H, Donohue III J J, Schwab S J. The costs of wrongful-discharge laws ［J］. The Review of Economics and Statistics, 2006, 88 (2): 211-231.

［190］ Badoe D A, Miller E J. Transportation-land-use interaction: empirical findings in North America, and their implications for modeling ［J］. Transportation Research Part D: Transport and Environment, 2000, 5 (4): 235-263.

［191］ Bai R, Zhang C, Wu K. Studies on Countermeasures of Agricultural Mechanization in Mountainous Areas in Southern China: A Case Study of Wencheng County ［J］. Forest Chemicals Review, 2021, 131 (4): 644-656.

［192］ Battese G E, Coelli T J. Frontier Production Functions, Technical Efficiency and Panel Data: With Application to Paddy Farmers in India ［J］. Journal of Productivity Analysis, 1992, 3 (1): 153-169.

［193］ Baum-Snow N. Did highways causesuburbanization? ［J］. The Quarterly Journal of Economics, 2007, 122 (2): 775-805.

［194］ Baum-Snow N, Brandt L, Henderson J V, et al. Roads, railroads, and decentralization of Chinese cities ［J］. Review of Economics and Statistics, 2017, 99 (3): 435-448.

［195］ Becker G S. A Theory of the Allocation of Time ［J］. The Economic Journal, 1965, 75 (299): 493-517.

［196］ Berg S A, Førsund F R, Jansen E S. Malmquist indices of productivity growth during the deregulation of Norwegian banking, 1980-89 ［J］. The Scandinavian Journal of Economics, 1992, 94 (2): S211-S228.

［197］ Bernard A B, Redding S J, Schott P K. Comparative advantage and heterogeneous firms ［J］. The Review of Economic Studies, 2007, 74 (1): 31-66.

［198］ Beyzatlar M A, Kustepeli Y R. Infrastructure, economic growth and population density in Turkey [J]. International Journal of Economic Sciences and Applied Research, 2011, 4 (3): 39-57.

[199] Bigman L. History and hunger in West Africa: Food production andentitlement in Guinea - Bissau and Cape Verde [M]. Westport: Greenwood Press, 1993.

[200] Binswanger H P, Khandker S R, Rosenzweig M R. How infrastructure and financial institutions affect agricultural output and investment in India [J]. Journal of Development Economics, 1993, 41 (2): 337-366.

[201] Black J D. Introduction to production economics [M]. New York: Holt, 1926.

[202] Boarnet M G. Spillovers and the locational effects of public infrastructure [J]. Journal of Regional Science, 1998, 38 (3): 381-400.

[203] Bos J W B, Economidou C, Koetter M, et al. Do all countries growalike? [J]. Journal of Development Economics, 2010, 91 (1): 113-127.

[204] Brown L R. Who will feed China [J]. World watch, 1994, 7 (5): 10-19.

[205] Bustos P, Caprettini B, Ponticelli J. Agricultural productivity and structural transformation: Evidence from Brazil [J]. American Economic Review, 2016, 106 (6): 1320-1365.

[206] Bustos P. Trade liberalization, exports, and technology upgrading: Evidence on the impact of MERCOSUR on Argentinian firms [J]. American Economic Review, 2011, 101 (1): 304-340.

[207] Campante F, Yanagizawa-Drott D. Long-range growth: economic development in the global network of air links [J]. The Quarterly Journal of Economics, 2018, 133 (3): 1395-1458.

[208] Campbell H F, Hand A J. Joint ventures and technology transfer: the Solomon Islands pole-and-line fishery [J]. Journal of Development Economics, 1998, 57 (2): 421-442.

[209] Cantos P, Gumbau - Albert M, Maudos J. Transport infrastructures, spillover effects and regional growth: evidence of the Spanish case [J]. Transport Reviews, 2005, 25 (1): 25-50.

[210] Cao K H, Birchenall J A. Agricultural productivity, structural

change, and economic growth in post-reform China [J]. Journal of Development Economics, 2013, 104 (5): 165-180.

[211] Card D, Krueger A B. Minimum wages and employment: a case study of the fast-food industry in New Jersey and Pennsylvania: reply [J]. American Economic Review, 2000, 90 (5): 1397-1420.

[212] Carletto C, Savastano S, Zezza A. Fact or artifact: The impact of measurement errors on the farm size - productivity relationship [J]. Journal of Development Economics, 2013, 103 (4): 254-261.

[213] Chandra A, Thompson E. Does public infrastructure affect economicactivity?: Evidence from the rural interstate highway system [J]. Regional Science and Urban Economics, 2000, 30 (4): 457-490.

[214] Chang Z, Deng C, Long F, et al. High-speed rail, firm agglomeration, and PM2. 5: Evidence from China [J]. Transportation Research Part D: Transport and Environment, 2021, 96 (4): 102886.

[215] Chang Z, Diao M. Inter-city transport infrastructure and intra-city housing markets: Estimating the redistribution effect of high-speed rail in Shenzhen, China [J]. Urban Studies, 2021, 59 (4): 00420980211017811.

[216] Chang Z, Zheng L. High-speed rail and the spatial pattern of new firm births: Evidence from China [J]. Transportation Research Part A: Policy and Practice, 2022, 155 (2): 373-386.

[217] Charnes A, Cooper W W, Rhodes E. Measuring the efficiency ofdecision making units [J]. European Journal of Operational Research, 1978, 2 (6): 429-444.

[218] Chaudhry M O, Brathen S, Odeck J. Assessing the Relationship Between Transport Infrastructure and Agriculture Productivity in European Countries: An Application of Data Envelopment Analysis and Malmquist Index [R]. 2013.

[219] Chen P C, YU M M, Chang C C, et al. Total factor productivity growth in China's agricultural sector [J]. China Economic Review, 2008, 19 (4): 580-593.

[220] Chen S, Gong B. Response and adaptation of agriculture to climate change: Evidence from China [J]. Journal of Development Economics, 2021,

148 (1): 102557.

[221] Chen X, Cui Z, Fan M, et al. Producing more grain with lower environmental costs [J]. Nature, 2014, 514 (7523): 486-489.

[222] Christensen L R, Jorgenson D W, Lau L J. Transcendental logarithmic production frontiers [J]. The Review of Economics and Statistics, 1973, 55 (1): 28-45.

[223] Christiansen F. Food security, urbanization and social stability in China [J]. Journal of Agrarian Change, 2009, 9 (4): 548-575.

[224] Chung Y H, Färe R, Grosskopf S. Productivity and undesirable outputs: a directional distance function approach [J]. Journal of Environmental Management, 1997, 51 (3): 229-240.

[225] Clark J B. The Distribution of Wealth: A Theory of Wages, Interest and Profits [M]. London: Macmillan, 1899.

[226] Coelli T J, Rao D S P. Total factor productivity growth in agriculture: a Malmquist index analysis of 93 countries, 1980-2000 [J]. Agricultural Economics, 2005, 32 (5): 115-134.

[227] Cornwell C, Schmidt P, Sickles R C. Production frontiers with cross-sectional and time-series variation in efficiency levels [J]. Journal of Econometrics, 1990, 46 (1-2): 185-200.

[228] Crozet M. Do migrants follow market potentials? An estimation of a new economic geography model [J]. Journal of Economic geography, 2004, 4 (4): 439-458.

[229] Datta S. The impact of improved highways on Indian firms [J]. Journal of Development Economics, 2012, 99 (1): 46-57.

[230] Deaton A, Laroque G. On the behaviour of commodity prices [J]. The Review of Economic Studies, 1992, 59 (1): 1-23.

[231] Debreu G. The coefficient of resource utilization [J]. Econometrica, 1951, 19 (3): 273-292.

[232] Démurger S. Infrastructure development and economic growth: an explanation for regional disparities inChina? [J]. Journal of Comparative Economics, 2001, 29 (1): 95-117.

[233] Deng X, Huang J, Rozelle S, et al. Cultivated land conversion and

potential agricultural productivity in China [J]. Land Use Policy, 2006, 23 (4): 372-384.

[234] Donaldson D, Hornbeck R. Railroads and American economic growth: A "market access" approach [J]. The Quarterly Journal of Economics, 2016, 131 (2): 799-858.

[235] Donaldson D. Railroads of the Raj: Estimating the impact of transportation infrastructure [J]. American Economic Review, 2018, 108 (4-5): 899-934.

[236] Dong X, Zheng S, Kahn M E. The role of transportation speed in facilitating high skilled teamwork [R]. National Bureau of Economic Research, 2018.

[237] Duffy-Deno K T, Dalenberg D R. The municipal wage and employment effects of public infrastructure [J]. Urban Studies, 1993, 30 (9): 1577-1589.

[238] Duranton G, Turner M A. Urban growth and transportation [J]. Review ofEconomic Studies, 2012, 79 (4): 1407-1440.

[239] Easterly W, Rebelo S. Fiscal policy and economic growth [J]. Journal of Monetary Economics, 1993, 32 (3): 417-458.

[240] Emerick K. Agricultural productivity and the sectoral reallocation of labor in rural India [J]. Journal of Development Economics, 2018, 135 (9): 488-503.

[241] Erten B, Leight J. Exporting out of agriculture: The impact of WTO accession on structural transformation in China [J]. Review of Economics and Statistics, 2021, 103 (2): 364-380.

[242] Fan S, Zhang X. Infrastructure and regional economic development in rural China [J]. China Economic Review, 2004, 15 (2): 203-214.

[243] Färe R, Grosskopf S, Lovell CAK. Production frontiers [M]. Cambridge: Cambridge University Press, 1994.

[244] Farrell M J. The measurement of productive efficiency [J]. Journal of the Royal Statistical Society: Series A (General), 1957, 120 (3): 253-281.

[245] Fedderke J W, Perkins P, Luiz J M. Infrastructural investment in

long-run economic growth: South Africa 1875-2001 [J]. World Development, 2006, 34 (6): 1037-1059.

[246] Fernald J G. Roads to prosperity? Assessing the link between public capital and productivity [J]. American Economic Review, 1999, 89 (3): 619-638.

[247] Førsund F R, Hjalmarsson L. Generalised Farrell measures of efficiency: an application to milk processing inSwedish dairy plants [J]. The Economic Journal, 1979, 89 (354): 294-315.

[248] Foster A D, Rosenzweig M R. Agricultural productivity growth, rural economic diversity, and economic reforms: India, 1970-2000 [J]. Economic Development and Cultural Change, 2004, 52 (3): 509-542.

[249] Fujita M, Krugman P R, Venables A. The spatial economy: Cities, regions, and international trade [M]. Massachusetts: MIT press, 1999.

[250] Ghani E, Goswami A G, Kerr W R. Highway to success: The impact of the Golden Quadrilateral project for the location and performance of Indian manufacturing [J]. The Economic Journal, 2016, 126 (591): 317-357.

[251] Glaeser E L, Kahn M E, Rappaport J. Why do the poor live in cities? The role of public transportation [J]. Journal of Urban Economics, 2008, 63 (1): 1-24.

[252] Gollin D, Parente S L, Rogerson R. The food problem and the evolution of international income levels [J]. Journal of Monetary Economics, 2007, 54 (4): 1230-1255.

[253] Gollin D, Parente S, Rogerson R. The role of agriculture in development [J]. American Economic Review, 2002, 92 (2): 160-164.

[254] Gong B, Sickles R C. Non-structural and structural models in productivity analysis: study of the British Isles during the 2007-2009 financial crisis [J]. Journal of Productivity Analysis, 2020, 53 (2): 243-263.

[255] Gong B. The impact of publicexpenditure and international trade on agricultural productivity in China [J]. Emerging Markets Finance and Trade, 2018, 54 (15): 3438-3453.

[256] Gonzalez-Navarro M, Turner M A. Subways and urban growth: Evidence from earth [J]. Journal of Urban Economics, 2018, 108 (11): 85-106.

[257] Gouel C, Gautam M, Martin W J. Managing food price volatility in a large open country: the case of wheat in India [J]. Oxford Economic Papers, 2016, 68 (3): 811-835.

[258] Graham D J. Agglomeration, Productivity and Transport Investment [J]. Journal of Transport Economics and Policy, 2007, 41 (3): 317-343.

[259] Granger C W J. Investigating causal relations by econometric models and cross-spectral methods [J]. Econometrica, 1969, 37 (3): 424-438.

[260] Greene W H. A gamma-distributed stochastic frontier model [J]. Journal of Econometrics, 1990, 46 (1-2): 141-163.

[261] Gu B, Ju X, Chang J, et al. Integrated reactive nitrogen budgets and future trends in China [J]. Proceedings of the National Academy of Sciences, 2015, 112 (28): 8792-8797.

[262] Gulati A, Sharma A. Subsidy syndrome in Indian agriculture [J]. Economic and Political Weekly, 1995, 30 (39): A93-A102.

[263] Gylfason T, Zoega G. The road from agriculture [M]. Institutions, Development, and Economic Growth, Cambridge: MIT Press, 2006.

[264] Hansen G D, Prescott E C. Malthus to solow [J]. American Economic Review, 2002, 92 (4): 1205-1217.

[265] Harris J R, Todaro M P. Migration, unemployment and development: a two-sector analysis [J]. The American Economic Review, 1970, 60 (1): 126-142.

[266] Headey D, Alauddin M, Rao D S P. Explaining agriculturalproductivity growth: an international perspective [J]. Agricultural Economics, 2010, 41 (1): 1-14.

[267] Holl A. Highways and productivity in manufacturing firms [J]. Journal of Urban Economics, 2016, 93 (3): 131-151.

[268] Holl A. Manufacturing location and impacts of road transport infrastructure: empirical evidence from Spain [J]. Regional Science and Urban Economics, 2004, 34 (3): 341-363.

[269] Holtz-Eakin D, Schwartz AE. Spatial productivity spillovers from public infrastructure: Evidence from state highways [J]. International Tax and Public Finance, 1995, 2 (3): 459-468.

[270] Holtz-Eakin D. Public-Sector Capital and the Productivity Puzzle [J]. The Review of Economics and Statistics, 1994, 76 (1): 12-21.

[271] Hulten C R, Schwab R M. Public capital formation and the growth of regional manufacturing industries [J]. National Tax Journal, 1991, 44 (4): 121-134.

[272] Jin S, Ma H, Huang J, et al. Productivity, efficiency and technical change: measuring the performance of China's transforming agriculture [J]. Journal of Productivity Analysis, 2010, 33 (3): 191-207.

[273] Jiwattanakulpaisarn P, Noland R B, Graham D J. Causal linkages between highways and sector-level employment [J]. Transportation Research Part A: Policy and Practice, 2010, 44 (4): 265-280.

[274] Jorgenson D W. Surplus agricultural labour and the development of a dual economy [J]. Oxford Economic Papers, 1967, 19 (3): 288-312.

[275] Just D R, Kropp J D. Production incentives from static decoupling: land use exclusion restrictions [J]. American Journal of Agricultural Economics, 2013, 95 (5): 1049-1067.

[276] Kailthya S, Kambhampati U. Road to productivity: Effects of roads on total factor productivity in Indian manufacturing [J]. Journal of Comparative Economics, 2022, 50 (1): 174-195.

[277] Kamara I B. The Direct Productivity Impact of Infrastructure Investment: Dynamic Panel Data Evidence From Sub Saharan Africa [R]. 2007.

[278] Kamps C. New estimates of government net capital stocks for 22 OECD countries 1960-2001 [J]. IMF Econ Rev 53 (7): 120-150

[279] Kasraian D, Maat K, Stead D, et al. Long-term impacts of transport infrastructure networks on land-use change: an international review of empirical studies [J]. Transport Reviews, 2016, 36 (6): 772-792.

[280] Kelly E D. The transportation land-use link [J]. Journal of Planning Literature, 1994, 9 (2): 128-145.

[281] Kim T J, Knaap G. The spatial dispersion of economic activities and development trends in China: 1952-1985 [J]. The Annals of Regional Science, 2001, 35 (1): 39-57.

[282] Koopmans T C. Activity Analysis of Production and Allocation [C].

NewYork: Cowles Commission Monograph, Wiley, , 1951.

[283] Krugman P. Increasing returns and economic geography [J]. Journal of Political Economy, 1991, 99 (3): 483-499.

[284] Kumbhakar S C, Ghosh S, McGuckin J T. A generalized production frontier approach for estimating determinants of inefficiency in US dairy farms [J]. Journal of Business & Economic Statistics, 1991, 9 (3): 279-286.

[285] Lamb R L. Inverse productivity: Land quality, labor markets, and measurement error [J]. Journal of Development Economics, 2003, 71 (1): 71 -95.

[286] Lewis A. Economic Development with Unlimited Supplier of Labor [J]. Manchester School of Economics and Social Studies, 1954, 22: 139-156.

[287] Lichtenberg E, Ding C. Assessing farmland protection policy in China [J]. Land Use Policy, 2008, 25 (1): 59-68.

[288] Lileeva A, Trefler D. Improved access to foreign markets raises plant -level productivity for some plants [J]. The Quarterly Journal of Economics, 2010, 125 (3): 1051-1099.

[289] Liu J, Zhan J, Deng X. Spatio-temporal patterns and driving forces of urban land expansion in China during the economic reform era [J]. AMBIO: A Journal of the Human Environment, 2005, 34 (6): 450-455.

[290] Malthus T R. An Essay on the Principle of Population [M]. London: Penguin Classics, 1798.

[291] Mamatzakis E C. Public infrastructure and productivity growth in Greek agriculture [J]. Agricultural Economics, 2003, 29 (2): 169-180.

[292] Maxwell N L. Economic returns to migration: Marital status and gender differences [J]. Social Science Quarterly, 1988, 69 (1): 108.

[293] McCartney G, Whyte B, Livingston M, et al. Building a bridge, transport infrastructure and population characteristics: explaining active travel into Glasgow [J]. Transport Policy, 2012, 21 (5): 119-125.

[294] Meeusen W, van Den Broeck J. Efficiency estimation from Cobb-Douglas production functions with composed error [J]. International Economic Review, 1977, 18 (2): 435-444.

[295] Melo P C, Graham D J, Brage-Ardao R. The productivity of trans-

port infrastructure investment: A meta-analysis of empirical evidence [J]. Regional Science and Urban Economics, 2013, 43 (5): 695-706.

[296] Michaels G. The effect of trade on the demand for skill: Evidence from theinterstate highway system [J]. The Review of Economics and Statistics, 2008, 90 (4): 683-701.

[297] Moro D, Sckokai P. The impact of decoupled payments on farm choices: Conceptual and methodological challenges [J]. Food Policy, 2013, 41 (4): 28-38.

[298] Morrison C J, Schwartz A E. Distinguishing external from internal scale effects: the case of public infrastructure [J]. Journal of Productivity Analysis, 1994, 5 (3): 249-270.

[299] Munnell A H. Policy watch: infrastructure investment and economic growth [J]. Journal of Economic Perspectives, 1992, 6 (4): 189-198.

[300] Nanere M, Fraser I, Quazi A, et al. Environmentally adjusted productivity measurement: An Australian case study [J]. Journal of Environmental Management, 2007, 85 (2): 350-362.

[301] Newbery D M G, Stiglitz J E. Optimal commodity stock-piling rules [J]. Oxford Economic Papers, 1982, 34 (3): 403-427.

[302] Olley G S, Pakes A. The Dynamics of Productivity in the Telecommunications Equipment [J]. Econometrica, 1996, 64 (6): 1263-1297.

[303] Pannell C W. China's continuing urban transition [J]. Environment and Planning A, 2002, 34 (9): 1571-1589.

[304] Pradhan R P, Bagchi T P. Effect of transportation infrastructure on economic growth in India: The VECM approach [J]. Research in Transportation Economics, 2013, 1 (38): 139-148.

[305] Quesnay F. Tableau Oeconomiqueh [M]. New York: Legare Street Press, 1758.

[306] Redding S J, Turner M A. Transportation costs and the spatial organization of economic activity [J]. Handbook of Regional and Urban Economics, 2015, 5 (3): 1339-1398.

[307] Repetto R, Rothman D, Faeth P, et al. Has environmentalprotection really reduced productivity growth? [J]. Challenge, 1997, 40 (1): 46-57.

[308] Rezek J P, Campbell R C, Rogers K E. Assessing total factor productivity growth in Sub - Saharan African agriculture [J]. Journal of Agricultural Economics, 2011, 62 (2): 357-374.

[309] Richmond J. Estimating the efficiency of production [J]. International Economic Review, 1974, 15 (2): 515-521.

[310] Rietveld P, Nijkamp P. Transport infrastructure and regional development [J]. Analytical Transport Economics. An International Perspective, 2000: 208-232.

[311] Rosenstein-Rodan P N. Problems of industrialisation of eastern and south-eastern Europe [J]. The Economic Journal, 1943, 53 (210/211): 202-211.

[312] Rozelle S, Guo L, Shen M, et al. Leaving China's farms: survey results of new paths and remaining hurdlesto rural migration [J]. The China Quarterly, 1999, 158 (2): 367-393.

[313] Satterthwaite D, McGranahan G, Tacoli C. Urbanization and its implications for food and farming [J]. Philosophical Transactions of the Royal Society B: Biological Sciences, 2010, 365 (1554): 2809-2820.

[314] Schultz T W. Effects of the international donor community on farm people [J]. American Journal of Agricultural Economics, 1980, 62 (5): 873-878.

[315] Schultz T W. Investment in human capital [J]. The American Economic Review, 1961, 51 (1): 1-17.

[316] SchultzT W. Transforming Traditional Agriculture [M]. Chicago: The University of Chicago Press, 1964.

[317] Seinford A, Thrall R M. Recent developments in DEA: the mathematical approach to frontier analysis [J]. Journal of Econometrics, 1990, 46 (1-2): 7-38.

[318] Sen A. Ingredients of famine analysis: availability and entitlements [J]. The Quarterly Journal of Economics, 1981, 96 (3): 433-464.

[319] Senauer B, Roe T. Food Security and The Household [R]. University of Minnesota, Center for International Food and Agricultural Policy, 1997.

[320] Senior N W. An Outline of the Science of Political Economy [M].

London: W. Clowes and sons, 1836.

[321] Shamdasani Y. Rural road infrastructure & agricultural production: Evidence from India [J]. Journal of Development Economics, 2021, 152 (5): 102686.

[322] Sheng Y, DingJ, Huang J. The Relationship between Farm Size and Productivity in Agriculture: Evidence from Maize Production in Northern China [J]. American Journal of Agricultural Economics, 2019, 101 (3): 790-806.

[323] Shephard R W. Theory of cost and production functions [M]. Princeton : Princeton University Press, 1953.

[324] Sherlund S M, Barrett C B, Adesina A A. Smallholder technical efficiency controlling for environmental production conditions [J]. Journal of Development Economics, 2002, 69 (1): 85-101.

[325] Shirley C, Winston C. Firm inventory behavior and the returns from highway infrastructure investments [J]. Journal of Urban Economics, 2004, 55 (2): 398-415.

[326] Sjaastad L A. The costs and returns of human migration [J]. Journal of political Economy, 1962, 70 (5, Part 2): 80-93.

[327] Song J, Ye J, Zhu E, et al. Analyzing the impact of highways associated with farmland loss under rapid urbanization [J]. ISPRS International Journal of Geo-Information, 2016, 5 (6): 94.

[328] Spiekermann K, Wegener M. The shrinking continent: new time—space maps of Europe [J]. Environment and Planning B: Planning and Design, 1994, 21 (6): 653-673.

[329] Stark O. Rural-to-urban migration in LDCs: a relative deprivation approach [J]. Economic Development and Cultural Change, 1984, 32 (3): 475-486.

[330] Storeygard A. Farther on down the road: transport costs, trade and urban growth in sub-Saharan Africa [J]. The Review of Economic Studies, 2016, 83 (3): 1263-1295.

[331] Suri T. Selection and comparative advantage in technology adoption [J]. Econometrica, 2011, 79 (1): 159-209.

[332] Tabuchi T, Thisse J F. Regional specialization, urban hierarchy,

and commuting costs [J]. International Economic Review, 2006, 47 (4): 1295 -1317.

[333] Tarkhani F, Harchaoui T M. Public capital and its contribution to the productivity performance of the Canadian business sector [J]. Available at SSRN 1387842, 2003.

[334] Teles V K, Mussolini C C. Infrastructure and productivity in Latin America: is there a relationship in the longrun? [J]. Journal of Economic Studies, 2012, 39 (1): 44-62.

[335] Teruel R G, Kuroda Y. Public infrastructure and productivity growth in Philippine agriculture, 1974-2000 [J]. Journal of Asian Economics, 2005, 16 (3): 555-576.

[336] Todaro M P. A model of labor migration and urban unemployment in less developed countries [J]. The American economic review, 1969, 59 (1): 138-148.

[337] TombeT, Zhu X. Trade, migration, and productivity: A quantitative analysis of china [J]. American Economic Review, 2019, 109 (5): 1843-1872.

[338] Tsekeris T, Vogiatzoglou K. Public infrastructure investments and regional specialization: empirical evidence from G reece [J]. Regional Science Policy & Practice, 2014, 6 (3): 265-289.

[339] Turgot A R J. Reflections on the Formation and Distribution of Wealth [M]. London: E. Spragg, 1793.

[340] Ulimwengu J M, Funes J, Headey D D, et al. Paving the way for development: The impact of road infrastructure on agricultural production and household wealth in the Democratic Republic of Congo [R]. 2009.

[341] Vollrath D. The agricultural basis of comparative development [J]. Journal of Economic Growth, 2011, 16 (4): 343-370.

[342] Wang X, Yamauchi F, Huang J. Rising wages, mechanization, and the substitution between capital and labor: evidence from small scale farm system in China [J]. Agricultural economics, 2016, 47 (3): 309-317.

[343] World Bank. World Development Report 1994: Infrastructure for Development [M]. Oxford: Oxford University Press, 1994

[344] Wright B. Storage and price stabilization [J]. Handbook of agricultural economics, 2001, 1 (2): 817-861.

[345] Wu J J, Fisher M, Pascual U. Urbanization and the viability of local agricultural economies [J]. Land Economics, 2011, 87 (1): 109-125.

[346] Wu Y, Xi X, Tang X, et al. Policy distortions, farm size, and the overuse of agricultural chemicals in China [J]. Proceedings of the National Academy of Sciences, 2018, 115 (27): 7010-7015.

[347] Yang G, Huang X, Huang J, et al. Assessment of theeffects of infrastructure investment under the belt and road initiative [J]. China Economic Review, 2020, 60 (4): 101418.

[348] Yao W, Zhu X. Structural change and aggregate employment fluctuations in China [J]. International Economic Review, 2021, 62 (1): 65-100.

[349] Yue T X, Wang Q, Lu Y M, et al. Change trends of food provisions in China [J]. Global and Planetary Change, 2010, 72 (3): 118-130.

[350] Zhang X, Fan S. How productive is infrastructure? A new approach and evidence from rural India [J]. American Journal of Agricultural Economics, 2004, 86 (2): 492-501.

[351] Zhang XL. Transport infrastructure, spatial spillover and economic growth: Evidence from China [J]. Frontiers of Economics in China, 2008, 3 (4): 585-597.

[352] Zhao Y. Leaving the countryside: rural-to-urban migration decisions in China [J]. American Economic Review, 1999, 89 (2): 281-286.

[353] Zheng L, Long F, Chang Z, et al. Ghost town or city of hope? The spatial spillover effects of high-speed railway stations in China [J]. Transport Policy, 2019, 81 (5): 230-241.

附　录

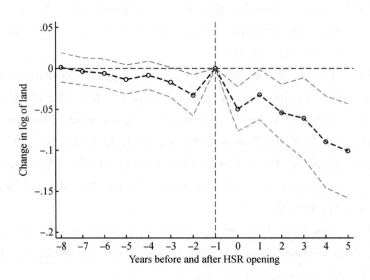

图 1　事件研究估计结果：高速铁路开通对耕地面积的影响

表 1　高速铁路开通对总播种面积的影响

	Log（总播种面积）			
	（5）	（6）	（7）	（8）
HSR_{ct}	-0.064 0***	-0.044 5***	-0.036 2**	-0.040 0**
	（0.015 8）	（0.015 4）	（0.015 3）	（0.015 6）
气象条件变量	Y	Y	Y	Y
县域固定效应	Y	Y	Y	Y
年份固定效应	Y	Y	Y	Y
省份-年份固定效应		Y	Y	Y
农业控制变量			Y	Y

表1(续)

	Log（总播种面积）			
	（5）	（6）	（7）	（8）
事前特征变量				Y
Observations	23 077	23 077	23 077	23 077
R-squared	0.977 8	0.981 0	0.981 3	0.981 4

注：所有回归与基准结果表4.3保持一致。括号中的数值表示在区县和市-年层面上双重聚类的标准差，＊、＊＊、＊＊＊分别表示在10%、5%和1%的水平下显著。

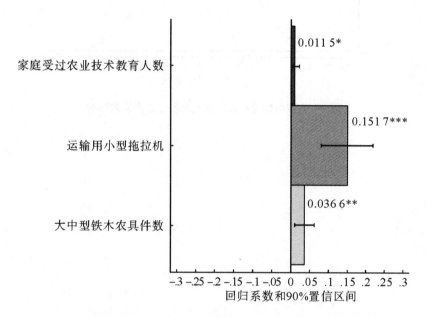

图2　高速铁路开通对农业全要素生产率的影响的其他潜在机制

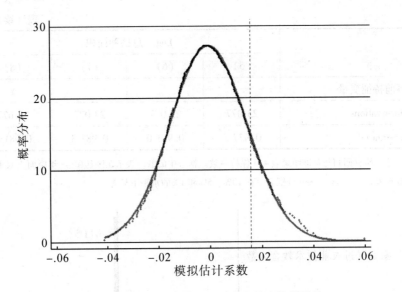

图3 安慰剂检验：高铁开通对农业总产值的影响